사랑받지 못한 내가 너무 미웠다

사랑받지 못한 내가 너무 미웠다

여울 수필집

도서출판 디자인21

차례

프롤로그

하루를 또다시 대충 흘려보낸 나는 침대에 누워 생각했다. 이런 하루가 모여서 내 인생이 된다면 과연 잘 살아온 인생이라고 할 수 있을까? 아무리 생각해 보아도 이건 아닌 것 같았다. 더 이상 우울감에 휩싸여 시간을 보내는 것은 너무 바보 같은 짓이었다.

하지만 나는 아직도 집에 혼자 덩그러니 남아있을 때면 좀처럼 우울함과 외로움을 떨쳐 내기가 쉽지 않다. 우울함은 내게 껌딱지 마냥 들러붙어 쉽사리 뜯어낼 수가 없다. 어쩌면 껌이 아니라 공기처럼 내 곁에 숨 쉬듯 자리 잡은 것 같다. 사랑하는 애인이 있어도 만나면 웃음만 나오는 친한 친구가 있어도 잠시만 숨을 돌리면 바로 옆에 붙는 외로움이 퍽 괴롭다. 우울증에 걸리기 전처럼 밝게 웃을 수 있다고 자부하기도 힘들다. 그렇다고 내가 지금 너무 힘든 상태라고 말하기에는 부끄러울 정도로 무던히 일상을 헤쳐 나가고 있다. 아니 버티고 있다고 말하는 것이 더 정확하겠다.

처음 블로그에 내 우울함에 관해 쓴 것이 2022년 12월이었다. 사실 나는 내 감정을 글로 쓰는 것을 즐겼지만 남들이 다 보는 공간에 내 우울증에 관해 쓰는 것이란 쉽지 않았다. 하지만 우울증을 겪으면서 내 마음속에 언젠간 나에게 일어난 일들을 글로 써서 사람들에게 들려주고 싶다는 생각이 피어난 것 같다.

고등학생 때부터 혼자 보는 일기를 쓰면서 나 말고도 다른 사람에게 이런 이야기를 해보면 어떨까 하는 호기심이 들었다. 아무도 관심 없을 수 있지만 한참 아팠던 그 시절의 나는 필사적으로 나와 비슷한 사람들의 이야기를 찾아보며 위안을 얻었다. 나 같은 사람들의 이야기가 하나 더 생기면 좋을 일이지 않을까 생각했다.

혼자 있는 시간이 외로움에 시달리지 않게 쓴 글들이 꼭 우울증이 아니더라도 일상에서 가끔 지치고 힘들어서 살기 싫은 순간에 있는 사람들에게 용기를 줄 수 있다면 좋겠다. 나는 나처럼 마음이 힘든 사람에게 나도 열심히 버텨내고 있다고 아직도 너무 어렵지만 결국 살아가는 것을 선택했다고 말하며 다독여 주고 싶다. 부디 다른 사람들에게 내 이야기가 도움이 되길 바라며 앞으로의 이야기를 시작해 보려고 한다.

1부

내 삶은 완벽하지 않지만 살 만한 줄 알았다.

내가 어떤 삶을 살아가야 하는지 생각하다 보면 과거의 기억부터 떠오르기 시작한다. 나는 항상 우울했고 힘이 나질 않았다. 아닌가? 처음부터 그랬던 것은 아닌 것 같다. 고등학교 시절을 생각해 보면 그랬다. 하는 일이라면 그저 학교와 독서실, 학원을 전전하며 하고 싶지 않은 공부만 하던 나였다. 나는 생각했다. 도대체 커서 뭐가 되려고 이러는 걸까? 점점 내가 하고 싶은 일이 없다는 생각이 들고 내가 할 수 있는 일도 없다는 생각이 들었다. 학교에서는 고등학교 3학년이 되자 가고 싶은 대학교를 생각해서 적어 내라고 했지만 나는 아무런 생각이 없었다. 원래는 책이 좋아서 사서가 하고 싶었지만 내 성적으로 문헌 정보 학과는 턱도 없이 부족했다. 그러다 내 적성을 살려서 가고 싶은 학과로 광고 홍보학과를 적어 냈지만, 이마저도 내 성적에는 무리였다. 결국 나는 그저 그런 학교와 과를 성적에 맞춰서 가게 되었다.

항상 우울한 생각과 붙어 싸우곤 했던 나는 고등학교 생활이 어땠는지 기억이 나지 않는 정도였다. 나는 그저 성적에 맞춰 낸 학교라도 붙어서 가기를 바랐다. 뭐가 어디서부터 잘못된 것이고 무엇을 바로잡아야 할지 짐작도 되지 않는 하루하루였다. 애초에 나에게는 그런 힘이 있을 리가 없었다. 이런 삶이 맞는지 회의감이 들었지만 나도 날 잘 모르겠다는 상황에서 애꿎은 반항심만 더 커져가는 날이었다.

나는 하루를 대충 흘려보내고는 텅 빈 마음을 애써 채우려고 노력했다. 자기 전에 항상 일기를 썼다. 내 마음이 어떻게 불안한지, 어떤 마음으로 하루를 보냈는지 짧지만 나에게 만큼은 진실하게 일기를 적어 나갔다. 지금 와서 읽어보면 너무나도 우울하다는 이야기와 삶을 어떻게 살아가야 할지 모르겠다는 내용이 대부분이지만 그땐 그렇게라도 내 마음을 이야기할 수 있는 공간이 필요했던 것 같다.

그 시절의 나는

내 속은 썩어들어 갔지만 다른 사람의 눈에 보이는 나의 모습은 그저 삐뚤하게 머리를 자른 밝고 명랑한 고등학생이었다. 나를 키워 주신 할머니, 할아버지를 포함하여 친구나 다른 가족들에게도 마찬가지였다. 그게 나는 마음이 아프면서도 안심이 되었다. 그 누구에게도 나의 썩어가는 마음을 들키고 싶지 않았다. 혹여 누가 힘든 일이 있냐고 물을 때면 나는 "내가 설마 그럴 일이 있겠냐?"하고는 시답지 않은 농담으로 대화 주제를 전환했다. 걱정을 털어놓기보단 그 내용을 회피하는 게 차라리 내게는 더 쉬웠다.

이 시절의 나는 내 인생에서 내 마음대로 할 수 있는 것이라고는 찾아보기가 힘들었다. 엄마가 나의 성적과 공부에 집착할수록 나는 그것들에게서 최대한 멀어지려고 발버둥 쳤다. 사실 지금 생각해보면 고등학교에 들어간 나에게 엄마가 해 줄 수 있는 최선은 공부에 관심을 가지는 것 이였겠지만. 중요한 것은 그게 아니었다. 나는 천천히 자라는 내 키처럼 마음이 점점 병들고 있었다. 그리고 나는 고등학생에게 제일 중요한 학업을 점점 손에서 놓고 있었다. 정말이지 지금도 그랬던 것을 후회한다. 과거로 돌아갈 수만 있다면 내게 말해 주고 싶다. 네가 잘못한 일이 아니라고 말이다.

마음속 깊숙한 곳부터 이미 망가진 나는 학교에서 그냥 그렇게 지냈다. 친한 친구 몇 명만을 만들고 그 안에서 적당한 거리를 두며 언젠가는 얘도 나와 멀어지겠지 하고 적당한 마음만 주었다. 부모님에게도 마음을 다 주지 못하는 상황에서 진정한 친구를 사귈 거라는 기대는 하지도 않았다. 그렇게 나는 기댈 곳 하나 없이 위태로운 마음으로 살아갔다.

나는 몸 맨 밑부분부터 나 자신은 패배자에 누구에게도 진정한 사랑을 받지 못하는 사람이라는 믿음이 점점 생겨났다. 검정색 진물이 내 마음에 조금씩 차오른다는 상상을 했다. 왜 그랬는지 지금은 이해가 안 되지만 그땐 이 진물이 가득 차 내 입 밖으로 흘러나올 때가 된다면 나는 죽을 거라고 굳게 믿고 있었다. 아마 그냥 누군가 나를 죽여주길 원했던 것 같다. 어느 날 아침에 눈을 뜨면 하늘나라에 가 있었으면 좋겠다는 상상을 자주 했다. 그러고 학교에 가야 하는 아침에 눈을 뜨게 되면 나는 또 하루를 살아가야 한다는 사실에 망연자실했다.

그래도 이때까지는 가끔 학교에서 생기는 재밌는 에피소드와 힘들지만 애써 만든 가족의 화목함으로 버텨나갈 수 있었다. 위태롭지만, 모르는 척 다 잘 될 거라고 생각하고 잠드는 나날들이었다.

행복한 척하는 나

나는 지금껏 행복한 척 살아오는 것에 푹 빠져 있었다. 친구들이 나를 부러워할 정도였으니까. 누가 내 가족에 관해 물어보면 나는 툴툴 대지만 매번 용돈을 챙겨주는 엄마와 무뚝뚝해도 가끔 재밌는 농담을 하는 아빠 그리고 나와 가장 친한 동생으로 내 가족은 이루어져 있다고 설명했다. 사실이었다. 하지만 그 외에 우리 집에 대한 설명은 굳이 할 필요가 없었다.

나는 누가 뭐라고 해도 사랑받고 자란 아이로 기억해 주길 바랐으니까. 반대로 나는 그만큼 사랑에 목말라 있었던 것 같다. 사랑에 목말라 아무에게나 관심받고 싶어 하는 내 모습은 꽤 못 봐주겠으니 말이다. 나마저도 그런 나 자신을 외면하고 싶었다. 나의 못난 모습은 어디 깊숙한 옷장 안에 처박아 두고 꽁꽁 묶어 놓은 채로 가면을 쓰고 살아갔다.

어렸을 때부터 할머니 할아버지 손에 자랐던 게 문제였을까? 아니다. 우리 할머니 할아버지는 내게 충분한 사랑을 주셨고 항상 내게 좋은 말씀만 해 주셨다. 그럼 도대체 나는 뭐가 문제일까? 그런 시간들이 모여 어느새 커버린 나는 나의 몸 깊은 곳에 자리 잡은 애정 결핍을 절대 인정하고 싶지 않았고 내보여 주기도 싫었다. 이제 와서 생각해 보면 나는 어딘가로 내 분노를 분출할 방법을 찾고 있지 않았나 싶다. 하지만 그러기도 쉽지 않았다.

아무에게나 화풀이하기에는 적당한 상대도 없었을뿐더러 그러고 싶지도 않았다. 그저 도무지 내가 사랑을 부족하게 받고 자랐다는 것을 인정하기 싫었던 것 같다. 하지만 점점 나는 마음속 말들이 내게 '너는 사랑받지 못한 아이야. 그걸 부끄럽게 여기고 숨기고 살아야 해'라고 하며 자존감을 깎아내리는 것에 익숙해지고 있었다. 그것과 더불어 나는 자기 연민에 빠지고 그런 점을 혐오하며 나를 망치는 일을 반복하며 살아갔다. 누군가 나에게 칭찬을 해도 그것을 그대로 받아들이지 않고 꼬아서 듣기 일쑤였다. 나는 내가 생각해도 칭찬받을 만한 사람이 아니었기 때문이었다.

나는 삶이 의미가 없었다. 내 머릿속은 더 상태가 심각했다. 이제는 내가 나를 혐오하면서 겨우 우울한 생각 때문에 죽고 싶다고 생각하는 네가 너무 한심한 거야 너는 죽어야 해라고 되뇌었다. 나는 내가 너무 불쌍했고 한심했다. 그저 그냥 어느 날 아침 아무도 모르게 사라졌으면 했다. 살아가는 것 자체가 나에게는 끝없는 고통이었다.

나는 이제 두 갈래로 마음이 나누어져 나를 죽이네 살리네 하고 있었다. 결과적으로 살아야 한다는 마음이 이겼지만 나는 이미 사는 게 사는 게 아니었다.

나를 부정하는 것이 제일 쉬운 방법이었다

원하지는 않았지만, 결과적으로 1지망이었던 대학에 성적을 따라서 가게 되었고 나는 이후로 끝없는 방황에 빠지게 되었다. 하고 싶은 일도 없고, 가고 싶던 대학교도 아니었으니 나는 그저 죽지 못해 하루를 살아가는 느낌뿐이었다. 왜 살아야 하는 건지 도무지 이유를 찾을 수가 없었다.

엄마는 내게 대학에 가면 세상이 변할 것이라고 고등학교 내내 말했다. 하지만 나는 성인이 되고 나서 매일 초저녁부터 나가서 별로 알지도 못하는 아이들과 돈을 모아 술만 마셔 댔다. 그저 취하면 기분이 좋아서 우울함을 없앨 수 있었기에 술에만 매달렸던 것 같다. 술을 적당히 마시지 않고 취하고 토가 나올 때까지 마셨다. 그걸로도 부족해서 토하고 정신이 깨면 다시 마셨다. 일주일에 6번을 술로 보냈으니 건강할 수가 없었겠지. 어디선가 담배를 피우면 스트레스가 풀린다는 말을 주워듣고 서는 담배도 입에 대기 시작했다. 우울하고 정신이 없던 스무 살이었다.

건강이 무너지고 우울해하는 나를 걱정했던 엄마는 무슨 일이 있냐고 물어봤다. 나는 이미 망가져 있었는데 하지만 그제라도 엄마가 나를 봐주는 게 내심 기뻤다. 나는 엄마에게 상담을 받아보고 싫다고 말했다. 엄마는 내 딸이 그런 걸 왜 받아야 하는지 이해가 되지 않는 모양이었다. 나는 축 처진 어깨로 "엄마 나 너무 힘들어. 버티기가 힘든 것 같아"라며 말했다. 엄마는 "되도록이면 그런 곳은 안 가는 것이 좋아. 나중에 회사 다닐 때 기록이 남은 것을 볼 수도 있잖아"라고 나를 회유했다.

하지만 나는 더 이상 미루기에는 내가 못 버틸 것 같았다. 엄마가 무엇을 걱정하는지 잘 알고 나도 내심 그 점이 걱정되었지만, 마음속에서 무언가 섭섭하다는 느낌을 지울 수가 없었다. 지금에서야 그 마음이 무엇인지 알 것 같다. 나중에 내가 돈 벌기에 적합하지 않은 사람이 되면 어쩌나 하고 걱정한다는 점이 마음에 들지 않았던 것이었다. 나는 그 당시 엄마가 나에게 애정 어린 시선을 주길 바랐다.

어떻게 해서 엄마를 설득하고 심리 상담을 해주는 기관에 무료 상담을 받기 위한 설문조사를 했다. 설문조사를 하면서 나는 눈물이 흘러내릴 것 같아 울먹거리는 것을 멈추느라 진땀을 뺐다. 엄마에게 그런 약한 모습을 보여주기가 죽기보다 싫었다. 나약함을 보인다고 엄마가 내게 따뜻한 위로를 해 줄 거라는 기대는 하지도 않았기 때문이었다. 거기에서 나는 심한 우울감에 시달리고 있다는 결과가 나왔고 담당자는 내게 전문가와 상담을 받거나 의사에게 치료받으면 어떻겠냐고 물어보았다. 한편으로는 무엇인가 홀가분한 기분이었다.

그때 치료를 받았다면 지금은 훨씬 나았을 텐데 두고두고 후회된다. 하지만 나는 학교에 다니는 스무 살이었고 당장 심리 상담과 정신과 의사를 만나기에는 두려웠다. 그리고 끊임없이 머릿속의 내가 나는 별거 아닌 걸로 힘들어하는 한심한 놈이라고 속삭였기에 생각하는 것을 포기하기로 했다. 그것과 더불어 엄마가 정신과는 가는 게 아니라고 말했기 때문에 더 두려운 것도 있었던 것 같다.

학교에서 수업을 마치고 화장실에 있는 순간 상담 기관에서 치료를 권장하는 전화가 왔지만 이젠 괜찮다는 말로 나를 외면하기로 했다. 그리고 또다시 술을 먹으러 나갈 약속을 잡았다. 나의 머릿속을 깨끗이 지워줄 방법이 그때는 술이 최선이라고 생각했다. 그러면 안 됐었는데 그때의 나를 도와줄 사람은 아무도 없었다. 아니 전문가는 있었지만 그게 방법이 되면 안 된다고 생각했었다. 나는 치료도 받을 필요 없는 그저 나약하기만 한 인간이었으니 말이다.

스무 살 때부터 스물세 살까지 나는 일주일에 5번 이상 술을 마시는 알코올 중독자가 되어 있었다. 이제는 술을 마시지 않으면 불안하고 손이 떨려서 주변에서 너 왜 그렇게 손을 떠냐는 소리를 듣는 정도가 되었다. 술을 마시면 예전처럼 즐겁지도 않고 감정이 더 고조되어 우울함에서 벗어나기가 더욱 어려워졌지만 이미 중독된 술을 나 혼자 끊기란 매우 쉽지 않았다.

나는 점점 술에서 벗어나고 싶다는 생각을 하는 동시에 술이 인생에 없다면 또다시 어디에 의지를 해야 할지 정말 울고 싶다고 생각했다. 엄마는 계속해서 "하나님께 기도하면 다 들어주신다. 예배를 드리러 나가야지. 언제까지 술만 계속 마실 거니"라고 내게 말씀하셨다. 나는 하나님이 계신다면 나를 이렇게 만든 것도 하나님의 뜻인 건가? 나는 그저 고통받는 삶을 살아가는 인간으로 선택한 게 아닌가 하고 생각했다.

외로움에 대하여

나는 어느 순간 이렇게 힘든 이유가 내가 우울증에 걸렸기 때문이라고 인식했다. 단 한 순간도 옆에 사람이 없으면 금세 외로움을 느꼈기 때문이었다. 하지만 사람이 있을 때도 나는 죽고 싶다는 충동을 느꼈고 이렇게 살면 도대체 뭐가 의미가 있는 건지 회의감이 들었다. 공기처럼 내 곁에 자리를 잡은 외로움이 너무 괴로웠다. 마치 나를 나약한 사람이라고 느끼게 했기 때문이었다. 어쩌면 좋을지 나는 도무지 갈피를 잡기가 어려웠다. 가만히 있어도 구역질이 나는 느낌이 들었고 숨을 쉬기가 어려웠다. 와중에 술을 마시지 않으면 바람이 불 듯 떨리는 손가락들이 너무 싫었다. 모든 게 다 내가 나를 이렇게 만들었다는 사실이라는 것이 더 버티기 힘들었다.

하루에도 몇 번씩 날리고 날아오는 메시지였지만 내가 외로울 때 잠잠한 메시지 창을 보면 불안한 느낌이 배가 되어 찾아왔다. 아무런 죄가 없는 친구들을 원망할 때도 있었다. 다들 각자의 삶을 살면서 바쁘기에 내게 연락이 없을 수 있다는 것을 머리로는 알았지만 내심 서운한 기분을 감추기가 쉽지 않았다. 어떻게 해야 빈 메시지 창이 아무렇지 않았던 나로 돌아갈 수 있는 걸까? 이미 늦은 걸지도 모르겠다.

밝고 희망찬 하루를 살아가기에도 바빴던 나는 시간을 죽이며 아무것도 하지 않는 하루에 익숙해져 버렸으니 말이다. 나는 누구일까? 어떤 삶을 살아가야 맞는 걸까? 생각만 하면 우울해져서 그마저도 그만두고 싶어졌다. 의미 없는 시간이 반복되었다.

그다음 날 아침에도 일을 나가야 하고 끼니를 챙기고 카페에 가서 공부해야만 하는 일상이 괴롭게 느껴지기만 했다. 나는 이렇게 죽어가고 있는데 세상은 잘만 돌아가는 게 모든 것이 허무하게만 느껴지는 하루였다.

완벽하지 않아도 해야 할 일을 다 한 하루가 버거운 일상으로 느껴졌다. 무언가 빠트린 느낌을 지울 수가 없었다. 나는 무엇에 목마른 것일까? 숙취에 찌들어 계속해서 마실 것을 원하게 되는 느낌이었다.

내가 우울할 때

집에서 가만히 쉬고 있을 때 어느 순간 다시금 내 세상이 어두워지는 시간이 왔다. 무기력하고 내일도 힘들 거라는 생각이 나를 감싸오기 시작했다. 침대에 누워 숨 쉬는 것조차 버겁고 힘이 들었다. 사람을 만나고 와도 충전이 되는 게 아닌 방전이 되는 기분, 어쩔 줄 몰라서 울고 싶은 기분 우울증은 그렇다. 나를 내가 포기해버리고 싶어지는 것이다.

다 내려놓고 어디론가 사라져 버리고 싶다. 모든 게 다 의미가 없어진다. 우울함에 빠지면 아무리 밝은 낮이 여도 어두운 세상이 되어 한 치 앞도 분간할 수 없게 된다. 우울함에 빠지지 않기 위해 아무리 온종일 돌아다니고 사람을 만나서 에너지를 충전했어도 소용이 없는 것이다. 오로지 나 혼자만의 시간을 우울함이 방해한다는 것은 정말 미칠 것 같은 일이었다. 마음만 어지러운 것이 아닌 진짜 내 몸이 아픈 느낌이었다. 마음을 누가 쥐어짜는 느낌과 가슴이 답답해 미칠 것 같은 통증이 느껴져 왔다. 울음을 삼키며 침대에서 널브러져 있었다. 나는 왜 고통받아야 하는 것일까? 내가 나를 이렇게 만든 것일까? 의미 없는 물음을 나에게 던져 보았다.

생각만 하면 답이 나오지 않기에 일기장을 펼쳤다. 그리고 내 우울함에 대해 글을 썼다. 일기 쓰는 것에 집중하며 우울함이 사라지도록 노력했다. 내 감정에 대해서 쭉 글을 쓰고 다시 읽기를 여러 번 반복했다. 그러다 보니 내 우울한 감정이 조금은 사그라졌다. 앞으로 이 고통스러운 순간을 몇 번을 반복해야 더 이상 겪지 않을까? 하는 생각과 함께 피곤함이 몰려왔다. 그저 빨리 잠에 들고 싶었다. 잠자는 순간에는 고통스럽지 않을 테니. 생각이 많아지자 술이 마시고 싶어졌지만 혼자서 마시는 술을 먹으면 더 우울해질 게 뻔했다. 그걸 잘 알면서도 나는 냉장고에서 맥주를 꺼내서 들이켰다. 우울함과 술이 더해져 더욱 나를 망치는 기분이 들었다. 이제는 나도 모르겠다고 생각하고서 그저 더 생각하는 것을 그만두었다.

사랑받지 못한 나를 받아줘

지금 와서 생각해 보면 부모님에게 받지 못한 사랑을 어딘가에서라도 채우고 싶은 욕망이었던 것 같다. 그냥 욕망이 아닌 필사적으로 그곳에 매달리어서라도 살아가고 싶었다. 그렇지 않으면 금방이라도 숨을 못 쉴 것만 같았다. 나는 그래도 살고 싶었기에 어쩔 수 없이 내가 살아갈 수 있는 방법을 찾아 헤맸다.

스무 살부터 스물네 살이 된 지금까지 연애를 쉼 없이 해왔다. 그동안 만난 사람들이 좋았다면 이 이야기를 쓰지 않아도 되었겠지만, 다시 생각해 보면 도움이 되는 사람을 만나지 못했다. 오히려 그들은 나의 우울함을 더 키우게 했을 뿐이었다. 그들을 탓하기 싫지만 사실이었다.

나는 좋은 사람을 만나지 못했다. 누구는 나에게 폭언과 폭력을 행사했고 그것은 아직도 내게 깊은 트라우마로 남아있다. 아직도 그놈을 용서하지 못한다. 다른 사람은 내게 자기의 인생이 얼마나 불행한지를 내세우며 불행 대결을 펼치곤 했다. 심지어 내가 두 살이나 많았지만 나는 멍청하고 철이 없다며 가스라이팅을 했었다. 또 다른 사람은 내 이야기를 자기 친구들에게 스스럼없이 해대는 사람이었다. 그것도 나의 단점과 험담으로 이루어진 대화를 즐겨 하고 그 사실을 나에게 들켰다. 정말이지 역겨운 나날들이었다. 그렇지만 제일 견디기 어려운 사실은 그런 사람마저 없으면 죽을 것처럼 매달렸다는 것이었다. 지금 생각해 보면 나의 인생을 다른 사람에게 맡기는 행동 자체가 너무나도 바보 같은 모습이었다.

하지만 나는 정말이지 사랑에 목말라 있었고 억지로라도 삶의 의미를 찾고 싶었다. 그동안 했던 연애를 돌아보면 건강하지 못한 연애였다. 당연한 결과였다. 나는 끊임없이 내 쓸모를 증명하고 싶어 했고 상대방이 이별을 고하기라도 하면 정신없이 술을 퍼부어 대며 내 잘못을 잊으려고 하였다. 그리고는 곧 다른 사람을 찾아 나섰다. 잘못된 고리를 끊지 못해 생긴 악순환의 연속이었다.

결과적으로 진정한 사랑을 찾기에는 실패했다. 어쩌면 스무 살 초반의 연애가 다 그런 것일지도 모르겠다. 잠깐이라도 나를 좋아하는 마음을 상대방이 표현하기라도 하면 그 사람은 금세 내 인생의 전부가 되어 나는 모든 것을 주고 싶어 했다. 물론 그렇게 내 모든 마음을 주어도 상대방은 내게 금방 질려 떠나고 싶어 했다. 나는 그게 죽을 만큼 힘들었고 차라리 죽는 게 더 낫다고 생각하며 금세 다른 상대를 찾아 연애를 다시 시작했다. 지난 연애는 거짓이고 이번이 진짜라면서 말이다. 나는 내가 뭐가 문제인지 알고 싶지도 않았다. 그저 내 외모를 가꾸는 것과 상대방을 찾아 나서는 것에 집중했다.

지금 생각해 보면 그때나 지금이나 나는 심각한 우울증에 시달리고 있었고 다른 사람과의 인연을 이어 나가기보다는 나 자신을 들여다봤어야 했다. 하지만 나는 나를 사랑해 주는 사람이 있기를 간절히 원했다. 부모님께 받지 못한 사랑을 그렇게라도 채워야 살 수 있을 것 같았다. 지금의 내가 그때의 나를 보듬어 줄 수 있다면 얼마나 좋을까? 나는 그렇게 외로운 연애를 계속해 나아갔다. 멍청한 짓이었다.

사랑받지 못한 나를 받아 달라며 상대방에게 애원할수록 상대방은 질려한다는 것을 나는 왜 알지 못했을까? 그 사람 없이도 나는 잘 살 수 있는 방법이 있었다. 나에게 집중하고 나의 삶을 가꾸는 일이었다. 사실 알고 있었을 수도 있다. 하지만 그땐 무엇보다 그렇게라도 내가 안정되는 게 중요했다. 상대방의 마음보다 훨씬 더. 그래서 내 연애가 계속 실패한 것일 수도 있겠다. 그때는 결코 인정하지 못했지만 변함없는 사실이었다.

잠에 들지 않는 밤

나는 22살 무렵부터 잠에 들기가 부쩍 어려워지기 시작했다. 잠에 들려면 기본적으로 두세 시간은 걸렸고 혼자 가만히 누워있기가 힘들어 잠이 쏟아질 때까지 새벽 늦게 핸드폰을 하다가 잠에 들기 일수였다. 가만히 누워있으면 온갖 잡생각이 나를 괴롭혀 우울해지기 쉬웠기 때문이었다.

새벽 내내 우울함에 빠져 울다가 아침을 맞이할 때가 늘었다. 나는 결국 이렇게 미쳐서 돌아 죽나 보다 하고 생각했다. 너무 잠이 자고 싶을 때는 집에서 혼자 술을 마셨다. 이 와중에 엄마는 내 속도 모르고 밖에서 술 마시느라 집에 늦게 들어올 바에는 차라리 집에서 마시라고 하며 좋아하셨다. 엄마의 말이 듣기 싫어서 인가 모르게 속이 쓰려 왔다. 나는 손이 떨려오는 와중에 그래도 잠은 잘 수 있어서 다행이지 라고 생각하며 술을 들이켰다.

우울함이 내 몸도 아프게 할 수 있으리라 생각도 하지 못했는데 이제는 실제로 내 심장이 욱신거리기 시작했다. 잠을 자려고 누우면 죽지 못해 산다는 생각과 함께 심장이 아파왔다. 모든 지구의 중력이 내 침대로 향해 나를 무겁게 짓누르는 듯했다. 얼마나 더 아파야 내가 죽는지 신이 시험해 보고 있는 건가라는 엉뚱한 생각이 들었다. 내 베개는 눈물에 젖어 축축했고 나는 내 울음소리가 부디 밖으로 나가지 않게끔 숨죽여 울곤 했다. 밤낮이 아예 바뀌게 되고 새벽까지 잠에 들기가 어려워졌다. 잠에 들기 위해 계속 술을 마셨고 술 없이는 도저히 잠에 들기가 어려워지기 시작했다.

이대로는 도저히 안 되겠다고 생각하며 아무런 생각 없이 잠에 들고 싶던 나는 인터넷에서 몇 가지를 검색하고는 약국으로 향했다. 가서 이렇게 말했다. "잠이 잘 오는 약 좀 주세요" 약사는 나를 보고는 "잠에 들기 많이 어려 우세요? 너무 잠이 안 오면 2개씩 드세요"라고 말했다. 나는 약을 먹고는 전보단 어렵지 않게 잠에 들 수 있었다. 진작에 이럴 걸 하고 후회하기도 했다. 하지만 약의 효과는 좀처럼 유지되지 못했다.

나는 늘 술자리에 빠지지 않았고 술을 먹고도 잠이 오지 않으면 수면 유도제를 입에 털어 넣었다. 그랬으면 안 되었던 것이지만. 아직도 수면 유도제의 설명서를 읽은 적이 없어 그것까진 모르겠다. 하지만 술과 약을 한 번에 먹는 것이 몸에 좋을 리가 없었다. 점차 나는 수면 유도제 없이는 잠에 들기 힘들었고 좀 더 많은 약을 한 번에 먹게 되었다. 다음날까지 약 기운 때문에 졸려왔던 나는 컨디션이 좋을 수가 없었다. 지금 와서 생각하는 거지만 아주 몸에 안 좋은 행동은 다 하고 다녔구나 꿀밤을 먹여주고 싶다.

2부

병원에 첫걸음을 내디딘 날

스물세 살 이맘때쯤 나는 마지막 연애를 엉망으로 끝내고 상태가 말이 아니었다. 닥치는 대로 친구를 만나 술을 마시고 토하기를 반복했다. 손은 이제 술을 마시지 않으면 알바 할 때 불편할 정도로 떨려왔고 바깥으로 나가 사람들이 있는 곳을 지나갈 때면 숨이 잘 쉬어지지 않았다. 심장은 터질 듯이 쿵쾅거렸고 손은 땀으로 범벅이 되어 한겨울에도 주머니에 손을 넣을 수가 없었다. 밤에는 이제 약국에서 사 온 수면 유도제 없이는 도무지 잠들 수가 없었다. 잠에 들기 위해 침대에 누우면 이유도 없이 눈물이 흘러 미칠 것 같았다. 밤낮이 바뀌고 이제는 낮에 가만히 있어도 눈물이 시도 때도 없이 흘러 죽고 싶었다. 내 심장을 누군가 밟고 놔주지 않는 느낌이었다.

더 이상 병원에 가지 않으면 내가 죽겠다 싶었다. 엄마에게 울면서 전화를 했다. "엄마 나 이제 도저히 못 버티겠어! 이러다 내가 죽을 것 같아" 엄마는 "그래 알아본 병원은 있는 거니? 아무 병원이나 함부로 가면 안 좋다며"라고 물어봤고 나는 마침 친구가 추천해준 정신과를 말했다. 그렇게 나는 엄마와 함께 정신과에 가서 상담받게 되었다.

병원에서 몇 가지 우울증에 관한 검사와 설문조사를 한 후에 의사와 첫 상담을 하게 되었다. 나는 차라리 내가 아주 심각한 상황이었으면 좋겠다고 생각했다. 그동안 술로 인생을 허비한 이유가 내가 아파서 그런 것이었다는 면죄부가 생겼으면 마음이 훨씬 편했을 것이니까. 내가 내 손으로 인생을 망쳐버린 망나니가 아니었으면 하고 바랐다.

내 바람대로 병원에서는 내 상태가 우울증이라고 했다. 나는 의사가 하는 말을 듣고 안심했다. '거봐 나 아픈 거 맞았잖아요. 다들 나한테 왜 그랬어? 왜 날 봐주지 않았어?' 마음속 원망의 소리를 간신히 외면하고 나는 의사와의 상담에 집중했다. 너무 오래된 일이여서 그런가 무슨 이야기를 했는지는 기억이 나질 않는다. 그저 그 당시 내 몸 상태를 말했던 것 같다. 술을 너무 많이 마셔서 중독된 상태와 수면 유도제 없이는 잠을 못 잔다는 것과 낮에 사람이 많은 곳을 못 나가겠다는 점을 말했다. 의사가 적절하게 지어준 약을 처방받고 엄마와 함께 병원에서 나왔다.

엄마는 병원에서 나와 차로 가면서 아무 말도 하지 않았다. 하지만 나는 엄마의 생각이 읽히는 듯했다. 그렇지만 나는 너무 피곤해서 집에 가서 쉬고 싶었다. 그만 좀 울고 싶었다. 다시 모든 것을 모르는 척한 체로. 약봉지를 들고 천천히 엄마와 함께 걸어갔다. 가는 동안 나는 엄마와 별다른 말은 하질 않았던 것 같다. 가끔 엄마가 “약 잘 챙겨 먹어라 그래야 금방 낫지”라는 말을 할 때면 나는 약을 먹어서 낫는 거면 그동안 나는 왜 병원에 가질 않은 걸까? 라는 의문이 들었다. 그렇지만 그냥 알겠다고 했다. 우리는 조용히 앉아서 집으로 가는 차를 탔다.

모두가 행복하다면 나는 죽어야 하나

병원에 다니면서 나는 짧게 씩 내 마음을 들여다보는 시간을 가지게 되었다. 의사 선생님과 상담하며 나를 돌아보게 되었기 때문이다. 선생님에게 내가 왜 우울한지 말하려면 나부터 그 이유를 알아야 했다. 내가 왜 우울했고 왜 불안해졌는지에 대해 처음으로 진지하게 생각해 보았지만 아무래도 잘 모르겠다는 생각이 들었다.

하지만 나는 이미 아빠와 조금씩 말을 하고 있었고 더 이상 엄마는 고등학교 때처럼 나에게 집착하지 않았다. 머리도 내 마음대로 기를 수 있었고 외박도 내가 하고 싶을 때 하고 있었다. 그렇다면 왜 나는 지금도 우울한 것일까? 사실 의사 선생님이 나에게 우울한 감정이 드는 이유가 무엇이냐고 물을 때면 나는 할 말이 없었다.

생각 해본 적도 없고 이유를 찾기도 무서웠기 때문이다. 만약 이유가 없다면 어떻게 되는 걸까? 나는 머리가 너무 복잡했다. 또다시 어디론가 도망치고 싶었다.

처음 병원에 가고 나서 몇 달이 지난 후 나는 꽤 많은 알약을 받았다. 심장이 뛰고 불안할 때 먹는 불안약과 아침에 먹는 메인 약과 잠이 오지 않을 때 먹는 저녁 약 그리고 수면제를 받았다. 가족 중에서는 아무도 내가 먹는 약에 대해 언급을 하지 않았다. 나는 그게 편하면서도 내심 서운했다. 나에게 관심을 주길 바라면서도 나를 아픈 사람으로 취급하지 않길 바라는 모순적인 마음이었다. 서운했지만 그 마음을 표현하지는 않았다. 아마 말하지 않아도 알아주길 바랐던 것 같다. 하지만 우리 가족에게 그런 일은 일어나지 않았다. 이미 각자 살기에도 팍팍한 인생을 살아가고 있었다. 그걸 나는 아주 잘 알고 받아들이고 있었다. 우울증 환자에게 가족은 가깝지만 멀게만 느껴지는 존재 같았다. 지극히 내 주관이지만. 나는 내가 생각해도 애처로울 정도로 가족의 사랑을 너무나 원했다.

학교생활은 다른 게 없었다. 대학교를 3년을 다니고 나는 친해진 친구들이 꽤 생겼다. 술을 먹으면서부터 친구들에게 자의와는 다르게 진실된 이야기를 조금씩 나누게 된 덕분이라고 할까? 고등학생 때와는 다르게 마음을 주는 친구들이 몇 명 생겨나게 되었다. 지금 떠올려 보면 꽤 많은 아이들이 떠오르는데 지금의 내가 있을 수 있게 도와준 친구들에게 감사함을 느낀다. 하지만 여전히 술을 먹을 때를 포함하여 대부분 실없는 소리를 하며 시간을 보냈다. 그게 항상 마음에 걸렸지만 가족에게도 못하는 내 마음속 이야기를 아무리 술을 마시고 취한대도 입 밖으로 내뱉기가 어려웠다.

하루는 어쩌다 내가 불편함을 느끼는 순간에 나 자신이 너무 싫다는 생각이 들었다. 친구들이 당연하게 엄마 아빠와 화목하게 지내는 이야기, 아빠가 용돈을 주셨다는 이야기, 가족끼리 어디 여행을 갔다는 자랑들이 내 마음속 진물에 바늘을 꽂듯이 따갑게 느껴졌다. 일상적인 이야기를 하며 웃는 친구들의 얼굴에 내 마음속 어두운 이야기를 꺼낼 수가 없는 건 당연했다. 더욱이 우울증 약을 먹고 있다는 소리는 꺼내지도 못했다. 나를 불쌍하게 여길 것 같았고 그렇게 되길 원하지 않았다.

모두 나 빼고 행복한 것 같았고 그사이에 끼인 나는 죽어야 하나 싶었다. 또 내 마음속 소리가 들려왔다. '너 빼고 다 행복한 거라고 생각하는 네가 너무 한심해. 죽어야 하는 사람은 너야' 나는 불안약을 한 알 삼켰다. 심장이 쿵쾅대는 것을 느끼며 약을 먹었으니 금방 괜찮아질 거야! 라면서 나를 다독였다. 나는 내 머릿속 목소리가 언제 사라질까 생각하며 이걸 정신과 선생님에게 절대 말하지 못할 거라고 생각했다. 말하기에는 너무 가끔 들렸고 이걸 생각하는 게 나 자신이라고 인지하고 있었으니 말이다.

나 자신이 나에게 의지 없이 말한다니 말이 안 되지 않나? 이건 다 말도 안 되는 망상일 뿐이라고 생각했다. 사실 누구에게 보다 나에게 큰 소리로 울려왔다. '너 처지가 불쌍하니? 너보다 힘든 사람도 많은데 그게 뭐가 불쌍해? 나약한 소리는 하지 마라' 나는 끄덕였다. 역시 내가 나약한 사람이라고 생각하면서.

아픈 나를 들여다보기가 힘들어

병원에 다니고 많은 약을 먹고 있었지만, 가족 외에는 이 사실을 아무 에게도 알리지 않았다. 나는 활발하고 고민 없는 아이로 친구들이 생각하길 바랐기 때문이었다. 병원에서 술을 줄이는 게 어떻겠냐 했지만 나는 약을 먹으면서 계속해서 술도 마시고 있었다. 이제는 친구들과 마시는 것뿐만 아니라 집에서 혼자 술을 마시는 시간도 늘어났다. 술을 줄여야겠다고 생각하곤 했지만 실천으로 옮기는 것은 별개의 일이었다.

약을 먹어도 사실 우울함이 줄어들지는 않았다. 사람을 계속 만나다가 나 혼자 있게 되는 시간이 생겨나는 순간 죽고 싶다는 생각이 내 머릿속을 떠나지 않았다. 집에서는 아무것도 하기 싫지만, 막상 침대에 누워있기만 하면 알 수 없는 불안감 때문에 미칠 것 같았다. 편의점 한번 나가는 것도 마음먹고 약을 챙겨 먹고 나가야 했고 담배를 혼자 피우는 순간엔 나 혼자 있다는 생각에 숨 쉬는 것과 손가락의 움직임마저 의식이 되었다. 불안함이 마음속에서 요동을 치며 구역질이 날 것만큼 나를 어지럽게 괴롭혔다.

머리를 감으러 화장실에 가는 것조차 힘이 없어서 실행하기 힘들었다. 나는 매우 우울했고 힘이 없었다. 물먹은 솜 마냥 무거운 내 몸뚱어리를 움직이는 게 이렇게 힘든 일인지 서러운 마음이 들었다. 언제부터 샤워하는 게 이렇게 어렵게 느껴지게 된 것일까? 누군가 도와주는 것을 상상했지만 말을 어디서부터 해야 하는지 떠올려 보면 답답함이 산처럼 밀려왔다.

다행히 여러 달 동안 병원에 다니며 약을 먹고 나서는 밖에 나가는 것이 훨씬 수월 해졌다. 외출하기 전에 무조건 불안약을 먹고 나갔기 때문이다. 물론 이 밖에 나가는 것도 술 마시러 나가는 게 대부분이었다. 술이 내 전부였고 그나마 술을 마실 때만큼은 아무 생각 없이 웃으며 보낼 수 있었다.

병원에 약을 받으러 간 어느 날 의사 선생님이 내게 손을 펴보라고 했다. 나는 두 손을 쭉 펴서 하이 파이브 하듯이 보여드렸고 선생님은 손을 유심히 보더니 “손을 꽤 많이 떠네요. 술을 조절하는 약을 드릴 테니 술을 안 마실 때도 먹고 마실 때도 드세요”라고 말했다. 선생님은 웃으며 내가 이십 대 여대생한테 술 조절하는 약을 주어야 하냐고 말했지만 나는 속으로 이십 대가 뭐가 중요한 건가? 그리고 이게 웃긴 건가 생각했다.

버거운 일상을 보낼 바엔 기억하지 않고 싶다

우울증 약을 먹은 지 1년이 넘었지만, 이때의 일상이 기억이 잘 나질 않는다. 아마 너무 힘들고 제정신이 아니어서 기억이 나질 않는 것일 수도 있다. 이때쯤 썼던 일기장을 보면 우울함과 외로움에 점철된 이야기가 대부분이다. 그리고 나는 혼자 있는 시간을 극도로 두려워했다. 하지만 가족이나 친구에게는 죽어도 기대기가 싫었다. 나의 우울함을 상대방에게 말하는 순간 우울함이 옮아갈까 두려웠다.

이맘때쯤 사귀기 시작한 남자친구와 동거를 시작하게 되었다. 남자친구는 나의 우울증을 매우 잘 이해해줬고 하루 중 대부분을 나와 보내려고 했지만, 취업을 준비하기 위해 헬스를 매일 해야 했다. 그래서 3시간은 무조건 혼자 있어야 했다. 하지만 나는 그 3시간이 너무 버티기가 힘들었다.

하루에 3시간도 혼자 못 있냐고 물어본다면 할 말이 없겠지만 그 때의 나는 정말 버티기 힘들어했다. 3시간이 짧을 수도 길 수도 있지만, 나에게는 정말이지 긴 시간이었다. 담배를 피우기도 일기를 쓰기도 했고 방 청소를 하고 샤워를 하거나 핸드폰을 하고 친구들에게 뭐하냐며 연락을 돌려도 한 시간이 채 지나가지 않았다. 혼자 있는 시간은 너무 두렵고 불안해서 무어라도 하지 않으면 미칠 것 같았다. 알 수 없는 불안감은 나를 가만히 두질 않았다.

오죽 혼자 있는 게 싫었으면 모든 혼자 있는 친구에게 전화를 돌리다 못해 엄마에게 전화를 걸어서 잘 있냐고 물어보기도 했다. 물론 우울한 얘기는 단 한마디도 하지 않고 그저 일상을 어떻게 보내는지 묻거나 시답지 않은 이야기로 시간을 메꾸었다. 그렇게 내가 할 수 있는 일을 다 하고 더 이상할 게 없으면 그저 잠을 잤다. 누군가 내 일상을 보면 한심하다고 할 수 있겠지 하지만 이때의 나에게는 이게 최선이었다. 사실 그냥 살아있는 게 기적이었다. 매번 침대에 누워서 아무 이유 없이 눈물이 나오면 지칠 때까지 울었는데 나중에는 울면 코가 막히는 게 싫어서 그저 글썽대기만 했다. 마음대로 울기도 못하는 게 서러웠지만, 또 그게 웃겼다. 어이가 없어서 나 원 참.

보고 싶은 사람

나와 동생은 어렸을 때부터 할머니 할아버지가 키워 주셨다. 중학생이 되고 고등학생에서 대학생이 되어도 나는 집에서 십 분 거리인 할머니 댁에 할머니 할아버지를 뵈러 일주일에 두세 번은 갔었다. 할머니 할아버지를 나는 매우 사랑했고 항상 보고 싶었기 때문이었다. 나에게 나쁜 말 한번 하신 적이 없는 우리 할머니 할아버지는 나를 매우 예뻐해 주셨다. 항상 내게 맛난 음식을 하여 주셨고 용돈을 쥐여 주시며 맛있는 것을 사 먹으라고 챙겨주셨다.

나는 그런 할머니 할아버지가 건강하게 오래 사시기를 평생 기도하며 살아왔다. 할머니 할아버지를 세상에서 제일 사랑한다 해도 모자랐으니까. 그렇지만 하나님은 내 기도를 들어주지는 않으셨나

보다. 할머니는 내가 대학교 생활을 하는 동안 점점 기억력이 나빠지셨고 나는 그게 속상했지만, 따로 생각하기보다는 매번 할머니가 나에게 고등학생인지 대학생인지 물어보시는 말에 친절하게 대답만 해드렸다. 생각해 보면 할머니의 치매는 그때부터였던 것 같다. 나는 내가 사랑하는 할머니가 차마 치매에 걸렸다는 의심조차 하고 싶지 않았다. 필사적으로 외면하고 싶었다. 그래서 하셨던 얘기를 매번 다시 해 주시는 할머니의 목소리를 그냥 듣기만 했다.

대학교 2학년이 되자 할아버지는 건강이 급격히 안 좋아지셨다. 나는 할 수 있는 일이 없다는 것이 너무나 슬펐다. 할아버지의 마른 팔과 다리를 볼 때마다 나는 몰래 눈물을 훔쳤다. 하나님이 원망스러워지는 순간이었다. 나는 평생 나를 위해 기도하지는 않아도 할머니 할아버지를 위한 기도는 셀 수도 없이 많이 했었다. 그렇지만 이번에도 역시 내 기도는 통하지 않았나 보다.

할아버지는 곧 위암으로 돌아가셨고 나는 정말 버티기가 힘들었다. 세상에서 내가 가장 사랑하는 사람을 잃는 기분을 느끼게 되는 순간이 왔다는 사실이 너무 절망스러웠다. 그 이후로 나는 더 이상 기댈 곳이 없다는 생각이 들었다. 내가 안심하고 편히 쉴 수 있었던 할머니 할아버지의 사랑이 있던 집은 곧 빈 집이 되었다. 그 사실이 나를 너무나도 울고 싶게 만들었다.

할머니는 점점 치매가 심해지셔서 요양병원으로 가시게 되었다. 격주로 있는 병문안에 갈 때면 할아버지가 그러셨듯 할머니의 팔과 다리가 얇아져 있었다. 아기 같이 누워있는 할머니를 보면서 나는 내가 감기에 걸려서 아파할 때 할머니께서 나를 업고 병원에 데려가셨던 그때가 떠올랐다. 어쩌면 그 시절은 다시는 돌아오지 않기에 이렇게 슬픈 건가 하고 생각했다.

점차 내 얼굴을 보시고도 내 이름을 떠올리지 못하시는 할머니를 보면서 나는 가슴이 미어지는 듯했다. 할머니가 종종 우시기라도 하면 나는 정말 견디기가 힘들었다. 사랑하는 사람이 아프다는 사실이 나를 퍽 아프게 했다.

할아버지가 돌아가시고 내게 남은 것은 죽음에 대한 또 다른 불안감이었다. 내가 가장 사랑하는 할아버지가 돌아가셨다는 사실이 나를 너무나도 아프게 괴롭혔다. 그리고 살아생전에 못해 드린 점이 끊임없이 떠올라 마음이 아파왔다. 왜 더 못 찾아뵀을까? 더 많이 사랑한다고 말해 드렸어야 했다. 얇디얇아진 할아버지의 팔과 다리를 보는 것이 마음 아프다고 피할 것이 아니라 조금이라도 더 주물러 드릴걸. 계속해서 나를 자책하게 되었다.

할머니의 치매가 심해지시는 것을 보는 게 마음이 아팠지만, 할아버지 때처럼 후회하기 싫어서 격주마다 있는 병문안을 꾸준히 갔다. 처음에는 나를 보시곤 반갑게 웃으시다가 이내 눈물을 훔치시는 할머니를 마주 보는 게 마음이 시리도록 아팠다. 이 와중에 내가 할머니를 위해 할 수 있는 일이 또 기도하는 것밖에 없다는 사실이 하늘을 원망하게 만들었다. 나는 왜 우리 할머니가 치매에 걸려야 하는지 하나님을 원망하면서 제발 기적처럼 할머니가 낫게 해달라고 계속 기도를 드렸다.

내가 할 수 있는 일이 기도뿐이라는 게 너무 한심했다. 나의 죽음은 전혀 두렵지 않지만, 사랑하는 사람의 죽음은 절대 생각하고 싶지 않았다.

혼자 걷는 길이 무서울 때

고등학생 때부터 마음의 병이 조금씩 생기면서 나는 어느새 일상생활이 버겁게 느껴지는 순간들이 생기기 시작했다. 집 앞 슈퍼를 가려고 나가는 순간 식은땀이 나며 주변 사람들이 의식되기 시작된 것이었다. 언제부터였는지 정확하게는 생각이 나질 않지만 아마 고등학교 2학년 때부터였던 것 같다.

낮에 집 밖으로 나가려고 하면 주위에 지나가는 사람들이 의식되었고 내가 그걸 자각하고 있다는 생각이 드는 순간 숨 쉬는 것부터 이질감이 들기 시작했다. 내가 손은 제대로 쥐고 있는지 다리는 곧게 피고 있는지 시선은 어디로 두어야 할지 도무지 알 수가 없게 되었다. 내가 지금 숨은 잘 쉬고 있는지부터 이상한 생각이 들어 도저히 혼자 밖을 나가기가 어려웠다.

그래서 나는 어디를 나가던지 동생과 함께하는 것을 선택했다. 항상 동생과 함께 도서관이나 독서실을 다녔고 혼자라도 나가야 할 때는 꼭 음악을 이어폰으로 들으면서 걸어 다녔다. 처음에는 의식하지 못할 만큼 미미했지만, 점점 더 이상 혼자 바깥을 나가기 어려울 만큼 심해졌다. 손을 쥐고 걸으면 땀이 주르륵 흘러 손바닥이 금방 땀으로 흥건 해졌고 손을 펴고 걸으면 남들에게 이상해 보일까 봐 걱정되었다. 그래서 주머니에 손을 넣고 핸드폰을 꼭 쥐고 걸어 다녔다. 주머니 안에서는 손의 땀 때문에 미끈거려서 난리가 아니었다.

병원에 다니고 나서 의사 선생님께 상담받으면서 혼자 걸어 다니는 것이 어렵다고 말했다. 선생님은 “낮에 다니는 게 더 편해요?

아니면 밤에 혼자 걸어 다니는 게 더 편해요? 라며 물어봤고 나는 밤이 훨씬 편하다고 말했다. 의사 선생님은 "사람을 의식하는군요." 라고 말하며 밖에 나가기 불편하고 심장이 쿵쾅거릴 때 먹는 불안약을 처방해 주셨다.

평범한 하루의 나는 또 알바를 가야 했고 쿵쾅거리는 심장을 피하기 위해 약을 먹고 나갔다. 처음에는 별로 효과를 보지 않는 듯했지만, 며칠 꾸준히 먹고 나서는 예전보다는 훨씬 나은 듯했다. 하지만 여전히 나는 사람이 의식되었고 아무도 나를 쳐다보지 않았으면 좋겠다고 생각하면서 길을 걸어갔다. 너무나도 외롭고 어지러운 일상들이었다.

약을 끊다

마음 같아서는 아무것도 하지 않고 온종일 누워만 있고 싶었지만, 세상은 우울한 나를 가만히 두질 않았다. 졸업하기 위해 학교에 다녀야 했고 생활비를 벌기 위해 알바를 나가야만 했다. 그 바쁘지만, 시간 대부분을 누워있는 일상에서 나는 가끔 약을 먹는 것을 까먹었는데 그마저도 다 챙겨 먹으면 다시금 약을 타러 병원에 가야만 했다.

하지만 내가 다니고 있었던 병원은 나의 집에서 왕복 2시간이 걸리는 거리였고 우울함에 젖어있어 움직이기조차 힘든 나에게는 병원에 갈 엄두가 나질 않았다. 밖에 나가려면 약을 먹어야 했고 약이 다 떨어진 나는 그냥 병원에 가는 것을 좀 더 미루기로 했다.

약이 떨어진 지 2주가 되자 나는 약을 먹기 전보다 더 상태가 악화되어 있었다. 쉽게 화를 내고 예민해져 있었고 아무 일이 없어도 눈물이 흘러 미칠 것만 같았다. 물론 의사와 상의 없이 약을 2주나 끊은 내 잘못이었지만 약을 먹지 않는다고 내 상태가 이렇게까지 나빠질 거라는 생각은 하지 못했다. 나는 약이 내 몸에 주는 영향을 간과하고 있었다. 아마 약 없이도 언젠가는 그냥 나아질 것이라고 막연히 생각했기 때문일 수도 있다. 하지만 그것은 약의 효과를 무시한 대단한 착각이었다. 나는 정말 불안한 상태였으니까. 가만히 있어도 눈물이 나고 울고 싶어졌다. 심장은 시도 때도 없이 쿵쾅대어 어지러울 지경이었다.

약을 타러 다시 간 병원에서는 별다른 반응이 없었다. "이번에는 좀 늦었네요. 좀 힘들었을 텐데 괜찮았어요?"라는 의사 선생님의 말씀과 함께 더 많은 약을 3주 치나 타왔다. 병원에서 다시 집으로 가는 버스 안에서 나는 노래를 들으며 생각했다. 얼마나 더 많은 약을 타러 다시 이 버스를 타야 하는 걸까? 우울하지만 그래도 3주 동안은 괜찮은 일상을 보낼 수 있다는 생각에 안도감이 들었다.

약에 의존하다

사람들이 흔히 말하는 우울증 약에 의존한다는 말이 나는 무슨 말인지 사실 모르겠다. 감기에 걸려서 감기약을 먹는 사람에게 왜 감기약에 의존하냐는 말은 하지 않기 때문이다. 왜 우울증은 그 수많은 병들 사이에서 다르게 구별하는 걸까? 내가 약을 먹다가 먹는 것을 잊고 부작용 때문에 힘들어할 때 나와 친한 친구가 나에게 한 말이 있다. "야 약 되도록이면 안 먹는 게 좋아. 약에 중독되면 어떡할 거야? 너 힘으로 이겨내야지." 나는 처음에 이 말도 안 되는 어이없는 말을 듣고 차마 아무 말도 할 수가 없었다. 막상 들으면 이 친구는 나를 위해 하는 말이라고 생각할 수 있겠지만 자세히 들여다보면 우울증 약을 먹고 있는 나를 한심하게 보는 말이었다.

적어도 내가 듣기에는 그랬다. 왜 내가 병에 걸렸는데 나 스스로 이겨내야 하는 것일까? 아무리 생각해도 우울증 환자인 나에게 정말 무례한 말인 것 같았다. 나는 기분이 매우 나빴지만 차마 뭐라고 할 수가 없었다. 그저 이 상황을 회피하고 싶었다. 나중에 시간이 되어 내가 그때 들었던 말이 기분 나빴다고 친구에게 말하고 사과를 받았지만 내 마음속 찜찜함은 나아지질 않았다. 나와 친한 친구도 내가 우울증 약에 의존하고 있다고 생각하고 있는 판에 다른 사람들은 나를 어떻게 보고 있는지 안 봐도 알 것 같았다. 다시금 살고 싶지 않다는 생각이 들었다.

열심히 살고 싶고 낫고 싶어서 병원에 다니고 있는데 사람들은 그런 나를 보고 또다시 손가락질을 해대는 것 같았다. 도대체 내가 왜 그런 시선과 욕을 먹어야 하는지 알 수가 없었다.

하루는 내가 좋아하는 유명인이 한 말을 봤다. 자신의 이상형을 말하는 사람의 특징 중에 우울증 약에 의존하지 않는 것이 포함된 글이었다. 나는 순간 머리가 달아올랐다. 이런 사람을 좋아했다는 것이 부끄러웠고 당장 내 눈에서 사라지게 핸드폰을 꺼버렸다. 그리고 나는 분노를 주체할 수가 없어서 저주하고 싶었다. 나도 내가 아프고 싶어서 아픈 게 아닌데 사람들은 왜 이렇게 생각 없이 말을 하는지 이해가 되질 않았다. 그저 무기력함이 느껴졌다.

또다시 약을 하루 먹지 않았을 뿐인데 부작용이 나타난 날이었다. 나는 이제 아무에게도 아프다고 말하지 않기로 했다. 말해 봤자 나에게 돌아오는 것은 한심하다는 시선과 질타뿐이라는 것을 이제는 알아 버렸다. 그저 나를 사랑해 주는 사람에게만 말하기로 했다. 더 이상 나를 함부로 하는 사람에게 말하고 싶지 않았다.

내 모습이 부끄러워

나는 정신과에 다니는 동안 살이 7㎏이 찌게 되었다. 집에서 아무것도 안하고 먹기만 했으니 당연한 결과였겠지만. 평생 40㎏대를 유지하며 마른 몸으로 살아온 내게 7㎏은 매우 큰 숫자였다. 나는 안 그래도 잘 나가지 않던 밖을 점차 더 나가지 않게 되었다. 사람을 만나는 것을 즐겼지만 그마저도 꺼리게 되었다. 만나는 사람마다 나에게 살이 찐 것 같다는 말로 인사를 대신했기 때문이었다. 살도 자기 관리라는 말은 나를 더욱 기죽게 만들었다. 나는 자기 관리도 못 하는 사람이라고 계속해서 생각하게 만들었으니 말이다.

모든 사람이 내 살찐 허벅지만 쳐다보는 것 같았다. 매번 즐기던 화장도 이젠 재미가 없었다. 살찐 내 얼굴이 보기가 싫었기 때문이었다. 점점 찌는 살 때문에 옷을 입기가 버거워졌고 자존감은 바닥을 치게 되었다. 밖에 나가서 걸어 다니면 조금이라도 뱃살이 나오는 것이 싫어서 숨을 들이켜고 최대한 배에 힘을 주고 다녔다. 내가 좋아하던 원피스가 딱 붙다 못해 터질 것 같은 모습을 보면서 나는 도대체 왜 이 모양일까? 나 자신을 원망하기 시작했다.

사실 사람들은 남에게 관심이 없다지만 내가 본 사람들은 달랐다. 순식간에 살이 찐 나에게 "너 요즘 잘 먹고 다니나 보다? 살찐 것 같아"라는 말을 해대곤 했다. 그럴 때마다 나는 내가 죽어야 하는 이유가 한가지씩 늘어난다고 생각했다. 그리고 또다시 스트레스를 풀기 위해 맛있는 음식과 술을 먹어 댔다. 정말이지 안 좋은 순환 고리였지만 쉽게 끊어 낼 수도 없는 판이였다. 나는 울고 싶었다. 그리고 음식을 끊임없이 내장 속으로 밀어 넣었다. 이제는 나만의 문제가 아니었다.

나의 달라진 겉모습만 보고 함부로 이야기하는 사람들이 문제였지만 도무지 다른 방법이 생각나질 않았다. 그저 내게 했던 말들을 곱씹어 보고 상처받는 것이 내가 할 수 있는 행동이었다. 남들이 생각 없이 뱉은 말에 상처받고 그것을 계속 생각하는 내가 한심했지만 어쩔 도리가 없었다. 나조차도 살찐 모습이 싫고 한심했으니까.

거울만 보는 나

살이 찌면서 생긴 내 외모 강박에 대해 좀 더 말해보자면 할 말이 많다. 내가 처음 살에 대해 의식했던 때로 돌아가 보면 초등학교 6학년 때였다. 그날은 학교에서 키와 몸무게를 재는 날이었는데 같은 반 짝꿍이었던 아이가 나에게 대뜸 "나 허벅지 너무 두꺼운 것 같지 않아? 살이 너무 많이 쪄서 걱정이야. 몸무게가 많이 나오면 어떡하지? 너는 말라서 좋겠다."라고 했다. 나는 그 말을 듣고는 난생처음으로 내 다리 두께가 어떤지 살펴보게 되었다. 내 허벅지에 대해서 평생 얇다, 두껍다는 생각을 해본 적이 없었는데 처음으로 의식해 보게 된 것이었다.

"어 생각해 보니 내 허벅지도 두꺼운 것 같은데? 어쩌지"라고 친구에게 말하니 친구는 "네가 뭐가 두꺼워 다리가 진짜 말랐는데. 정 걱정되면 나랑 같이 계단 오르락 내리락 가자"라고 말했다. 그러고는 우리 둘은 쉬는 시간에 계단으로 가서 허벅지가 조금이라도 얇아질 수 있도록 계단을 오르고 내렸다. 정말 짧은 시간이었지만 난생처음으로 다이어트라는 것을 해본 순간이었다. 지금 생각해 보면 초등학생이 그 정도 시간으로 무슨 다이어트이냐 할 수 있겠지만. 친구가 계속해서 나에게 "나 체중이 너무 많이 나오면 어떡하지 옆 반 누구는 몸무게가 많이 나와서 남자애들이 놀리다가 울렸대. 너무 걱정돼 어떡하면 좋지?"라고 걱정의 볼멘소리를 해댔다. 나는 나도 점점 내 허벅지가 뭔가 두꺼운 것처럼 보이게 됐고 살에 대해 놀림을 받을까 봐 걱정되었다.

결국 체중과 몸무게를 측정하는 시간이 되었고 나는 체중을 재고 나서 평균보다 낮은 숫자가 나왔다는 것에 만족했다. 키에 비해 평균보다 낮은 체중이 나와서 다행이라고 생각한 초등학교 6학년이었다. 지금 생각해 보면 초등학생이 몸무게를 걱정하는 일이라니 정말 어이가 없다. 하지만 나는 중학교에 올라가자 본격적으로 살에 대해 생각하게 되었다.

한참 사춘기를 겪는 중학생이라서 그런지 반에서 대부분 아이들은 화장하고 자신을 꾸미는 것에 관심이 있었고 아무도 그것을 이상하게 생각하지 않았다. 물론 나도 마찬가지로 엄마 몰래 인터넷으로 가격이 저렴한 화장품을 찾아보고 로드 샵에 가서 화장품을 샀었다. 반 친구들은 너도, 나도 틴트를 바르고 얼굴이 하얘지는 크림을 구매했다. 나는 시력이 안 좋아서 안경을 쓰고 다녔는데 어떤 친구 한 명이 내게 와서 "너는 안경을 쓰지 않은 것이 더 예쁜데 렌즈를 사서 한번 껴보는 거 어때?"라는 말을 했다. 나는 그 말을 듣고 곧장 안경점에 가서 오천 원짜리 렌즈를 사 왔다. 그 오천 원짜리 렌즈를 눈에다 끼면 눈에 모래알이 박힌 듯이 아프고 이물감이 느껴졌지만 예뻐질 수만 있다면 아무래도 좋았다.

점점 나의 외모에 대해 다른 시각으로 바라보게 되는 순간들이었다. 시험이 끝나면 화장품을 파는 로드 샵에 매번 들렸고 나는 좀 더 다양한 화장품이 생겨났다. 중학교 2학년 때쯤 나는 학교에서 마른 몸을 가진 아이로 불리곤 했다. "야 쟤 팔다리 마른 것 봐 진짜 부러워 죽겠어"라는 말을 들을 때마다 나는 우쭐한 마음과 이 몸매가 평생 유지되었으면 좋겠다고 생각했다. 고등학교에 들어가자 나는 몸무게가 44에 도달하게 되었다. 지금 보면 정말 적은 몸무게지만 그때는 무슨 대학에 떨어진 것, 마냥 큰일이라도 난 듯했다.

나는 친구와 다이어트를 같이 하자는 목표를 잡고 선 점심을 걸렀다. 친구는 아예 밥 대신 물에 레몬을 넣어 우린 레몬 물을 가지고 다녔다. 나는 점심 대신 간단히 먹을 음식을 싸 왔고 친구들과 밥을 먹는 대신 수다 떠는 것을 선택했다. 아침도 먹지 않고 점심을 대충 때우는 것은 정말 배고파 미칠 것 같았지만 그때는 배고픔보다 내 사진이 살로 인해 잘 나오지 않는 것이 더 두려웠다. 학생이 공부는 안 하고 다이어트 하려고 밥이나 굶는다고 생각할 수 있지만 그땐 살이 찌고 있다는 것이 성적이 떨어지는 것보다 두려웠다.

대학생이 되고 나서 나는 살에 더 집착하게 되었다. 학교에서나 밖에서도 누구를 만나지 않는 날에도 나는 화장을 하고 다녔고 맨얼굴일 때는 그것이 부끄러워서 모자를 쓰고 다녔다. 내 맨얼굴이 부끄럽다는 사실이 이상했지만, 그때는 그저 어쩔 수 없다고 생각했다. 스무 살이 되어 머리 스타일에 변화를 주고 싶던 나는 하루는 미용실에 가서 머리를 아주 짧게 자르고 나왔다. 큰마음 먹고 자르고 나왔던 것인데 뭔가 못생겨진 것 같은 생각이 들었다. 엄마는 "여자애가 머리를 그렇게 짧게 자르면 어떡하니? 머리카락이 너무 아깝다"라며 나를 다그쳤다.

나는 내 머리가 그렇게 이상한가 생각하면서 머리 자른 것을 후회했다. 하루는 대학교 동기 남자애가 내 머리카락을 보면서 말했다 "너는 내 친구를 소개하기에는 머리가 너무 짧아. 너만큼 짧은 머리인 여자애 좋아하는 남자애들은 없어" 그땐 그저 웃어넘겼지만 지금 생각해 보면 그 자식 머리에 도끼를 휘두르고 싶다. 나는 머리를 한번 잘랐을 뿐인데 이상한 여자아이가 되어 있었다. 그 이후로 나는 쭉 긴 머리를 고집하게 되었다. 내가 긴 머리를 유지하는 것이 과연 내 의지일까 생각해 보면 전부 그렇지만은 않은 것 같았다. 세상이 여자는 머리를 길러야 한다고 소리치는데 작고 작은 내가 그걸 거부하기란 쉽지 않았다. 어쩌면 내가 살에 집착하게 만든 것은 이 외모 지상주의인 세상 아닐까 싶다. 하지만 머리로는 알면서도 외모에 집착하는 것을 그만두는 것이란 쉽지 않았다.

마름의 기준

예전부터 나는 마름의 기준이 무엇일까? 여러 번 고민했었다. 사람들은 나에게 정말 말랐다고 칭찬을 했고 점점 살이 찌고 나서부터는 건강해 보인다는 말을 해왔다. 그러고 나서 급격하게 살이 찐 이후로는 나에게 살이 너무 쪘다고 대놓고 말하곤 했다. 내 생각엔 그동안 내 외모에 대해 말하는 모든 이야기가 전부 예의에 어긋나는 말 같다. 왜 사람들은 자신이 아닌 남에게 그렇게 관심이 많으며 특히 외모에 대해 말하기를 즐기는 것일까?

지금 생각해 보면 나 자신조차 남에게 그런 말을 해왔는지 돌이켜 볼 필요가 있는 것 같다. 아무튼 잘 생각해 보면 당장 마르다는 말이 현대 사회에서는 칭찬으로 쓰이고 있지만 마르다는 말 자체가 내 살에 대해 다시금 생각해 보는 말이 되고 점점 마르다는 말을 계속 듣고 싶게 만든다는 것이다.

말의 힘은 꽤 강력해서 아무런 생각이 없다 가도 누군가 한번 말하면 그것에 대해 계속 생각하게 된다. 그리고 나의 경우는 그것이 살이었다. 우연히 초등학생 때부터 말랐다는 말을 듣고 난 이후로 나는 계속 마름을 유지해야 한다는 강박이 생겼고 살이 찌게 된 이후부터 나는 자기 관리에 실패한 실패자라는 생각이 계속 들었다.

도대체 살이 뭐길래 나를 이토록 괴롭게 만드는 것일까? 당장 인터넷 쇼핑몰만 봐도 내가 입을 수 있는 옷이 대체로 없다. 말로만 프리사이즈라고 해 놓지 무슨 우리 집 강아지 옷 마냥 작고 얇은 옷들을 나는 입을 수가 없다.

살을 빼지 않으면 내가 입고 싶은 옷을 입을 수가 없다는 사실이 나를 퍽 우울하게 했다. 내 친구들만 봐도 다이어트약을 항상 먹고 있을뿐더러 조금이라도 많이 먹은 날에는 "나 오늘 너무 많이 먹었어. 다이어트약 먹고 저녁은 걸러야지."라는 말을 달고 살고 있다. 나보다 마른 아이들이 그런 말을 해대는 사이에 내 마음은 또 한 번 위축되고 있었다. 정말이지 좋지 않은 순환이었다.

언제부터 내 가치를 보이는 것에 두었을까? 그러면 안 됐던 것이었는데. 나는 꾸준히 내 외모 치장에 관심을 가졌고 내 모습에 만족했다. 하지만 살이 찐 지금은 내 모습이 만족스럽지 않다. 내가 생각한 나의 모습과는 거리가 멀다. 이걸 인정하는 것이 너무 힘들었다. 울고 싶어질 정도로 말이다.

하지만 계속해서 내 가치를 보이는 것에만 치중한다면 나는 행복해질 수 있을까? 앞으로도 쭉 이렇게 산다면 나는 결코 불행해질 수밖에 없을 것 같다. 나중에 내가 살을 뺀다 해도 다시 살쪄서 그 때로 돌아갈까 봐 두려움에 떨 것이다. 이제는 나의 마음을 바꾸어야 한다고 생각했다. 남에게 보이는 내 외모가 아닌 나의 내면을 들여다보고 가꾸어 주어야 한다. 내가 좋아하는 취미와 내가 좋아하는 음식 그리고 내가 하고 싶은 일과 미래들로 나를 채워 나가야겠다고 결심했다.

내가 좋아하는 것은 책 읽기와 산책하는 것. 내가 좋아하는 음식은 연어와 고기. 내가 지금 해야 할 일은 자격증을 따는 것과 취업 준비를 하는 것이다. 내 달라진 외모가 나를 괴롭히게 내버려 두는 것이 아니라. 나에게서 가장 중요한 일부터 차근차근해 나아가기로 했다. 불안감에서 빠져나오려면 나를 가만히 두어서는 안 되니까. 불안감은 나를 좀먹어서 곧 우울함에 빠져들게 했다. 그리고 이젠 더 이상 나를 그렇게 두고 싶지 않다는 생각이 들었다.

술을 마시는 이유

알코올 중독자의 술에 대한 문제는 첫 잔이라는 말을 어디선가 들은 적이 있다. 그리고 그 말은 맞는 것 같았다. 나는 술을 마시기 전에도 술 생각을 항상 했지만 술을 마시면서 느끼는 점은 점점 더 마시고 싶다는 점이었다. 한 잔을 들이켜면 한잔 더 마시고 싶었다. 점점 취기가 오르면 더 마시고 싶었다. 아주 취해버려서 정신을 놓고 싶었다. 이 어지러운 세상이 잘 보이지 않을 정도로 내 우울함을 잊을 정도로 취해서 별거 아닌 농담에도 웃음이 나올 정도로 취하고 싶다였다.

만취가 되어 웃고만 싶었다. 술을 부어라 마셔 대면서 시간은 속절없이 지나가고 곧 새벽이 되었다. 그러면 곧 집에 가야 한다는 친구를 잡고만 싶었다. 더 이상 부모님과 함께 살지 않는데도 집에 가고 싶지 않았다. 집에 가면 우울해질 게 뻔했으니까. 바깥의 왁자지껄한 분위기와 적당한 조명, 신나는 노랫소리에 파묻혀 내 우울함을 무시할 수만 있다면 속이 쓰리게 술을 마셔 대도 상관없다는 생각이 들었다. 시답지 않은 농담과 이야기로 내 머릿속을 비울 수만 있다면 아무래도 좋았다. 사실 술을 먹다가 이렇게 죽어버리면 좋겠다고 자주 생각했다. 우리가 술을 마실 때면 항상 내일은 없다고 외쳤다. 진심 반 농담 반이었던 외침이었다.

하지만 술을 자제하는 약을 먹고 있는 내가 계속해서 술을 원하는 모습이 한심했다. 그런 와중에 왜 술을 마시고 싶어 하는지 이해가 돼서 내가 나를 말릴 수가 없었다. 내가 나를 위로해 주고 싶었다. 그렇지만 이런 방법으로는 내 우울함을 가중시킬 뿐이었다. 매번 술을 마실 때면 고삐가 풀릴 때까지 마셔야 직성이 풀리는 모습은 내가 보기에도 좋아 보이지 않는 것이 당연했다.

술을 절제하기란 나에게 거의 불가능에 가까워 보였다. 어쩌다 보니 나는 술 없이는 못 사는 몸이 되어 있었고 나에게 술을 줄이라는 말을 하는 사람들마저 아니꼬워 보였다. 나도 선택할 수 있다면 이렇게 되기 전으로 돌아가고 싶었다. 하지만 그때로 다시 돌아간 대도 나는 또 술을 마실 것 같았다. 이렇게 되는 것을 과거로 돌아간 데도 막을 수 있을지 잘 모르겠다.

술과 음식 그리고 토

처음에 나는 술을 더 마시기 위해서 토를 했는데 어느새 정신을 차려보니 술만 먹으면 무조건 토하는 나를 볼 수 있었다. 여러 번의 연애를 지속하면서 나는 외모에도 강박증이 생기게 됐는데 외모 강박을 버려야 한다고 머리로는 생각하면서도 살을 빼야 한다는 생각은 변함이 없었다.

나는 평생 50㎏을 넘어 본 적이 없었는데. 지금 만나고 있는 남자친구를 만나면서 몸무게가 점차 늘어 10㎏ 이상 찌게 되었다. 하루에 두 끼도 챙겨 먹지 않던 내가 남자친구를 따라서 세 끼니 이상을 챙겨 먹었으니 당연한 결과였다. 남자친구 덕분에 습관적으로 먹고 토하던 것을 그만두게 되었고 그로 인해 살이 찌고 건강 해졌지만 나는 되려 내 모습이 마음에 들지 않았다.

또다시 나는 입에 술을 댔고 먹고 토하기를 반복했다. 하지만 몸무게에 대한 변화는 생기질 않았고 내가 옛날에 입던 옷들이 몸에 아예 맞지 않게 되었다. 살이 너무 쪄버린 내 몸이 보기 싫었다. 이젠 정말 다이어트를 해야겠다고 말하던 나에게 남자친구가 말했다. "외모 강박을 벗어야지 너는 너대로 보기 좋아. 뭘 위해서 살을 빼야 하는 거야?" 그러게, 나는 머리를 얻어맞은 것처럼 충격을 받았다. 나는 도대체 뭘 위해서 먹고 토하기를 반복 해 온 걸까?

사실 마음속 어두운 곳에서는 진작 알고 있었다. 나를 남자들이 매력적으로 봐주길 위해 몸에도 좋지 않은 먹고 토하기를 계속해왔던 것이다. 그렇게라도 그들의 시선을 붙잡고 내 곁에 있어 주길 원했으니깐. 그리고 그들은 한 번도 나에게 살을 빼지 말라는 말을 해 준 적이 없었으니 깐. 어차피 그런 말을 해줬어도 나는 거짓말이라고 치부하고 나 하고 싶은 대로 했을 것이다. 이 세상은 예쁘면 장땡인 세상이니까. 참 거지 같은 말이라고 생각하긴 한다.

하지만 아이러니하게도 남자인 애인 덕분에 외모 강박에서 조금은 벗어날 수 있었다. 그는 내 맨얼굴이 더 자연스러워서 좋다고 했고 마른 몸을 유지했던 나에게 한 입만 더 먹으라고 숟가락을 건네던 사람이었다. 너무 마르면 건강에 좋지 않고 자기와 같이 살쪄서 건강하게 운동하자며 운동을 알려주었다. 살이 너무 찐 상태가 되자 건강하기 위해서는 적당히 식단을 조절하면서 빼면 된다고 자신감을 북돋아 주었다.

그가 처음 내 먹고 토하는 습관을 말렸을 때는 네가 뭘 아냐며 따졌던 내가 너무 부끄러웠다. 외모 강박에서 빠져나오는 것이 당연한 건데. 당연히 건강에 안 좋은 것을 말렸을 뿐인데 나는 너도 똑같은 놈이라고 어차피 마른 여자가 좋은 것 아니냐며 그에게 되레 화를 냈던 것이 후회됐다. 나는 그렇게 점점 몸에 좋지 않은 것을 인식하고 그것들과 멀어지려고 노력했다. 예를 들어 술만 먹었다 하면 당연히 토하는 것을 줄였고 먹는 것으로 무작정 스트레스를 푸는 것을 그만두기 위해 노력했다.

술과 멀어지는 방법

하루는 맥주를 너무 많이 마셔서 배가 부르고 속이 더부룩한 날이었다. 취기가 돌아 나른하다 못해 잠이 쏟아졌다. 담배를 하도 너무 피워서 목도 아파왔다. 술을 마시면 담배가 피고 싶고 담배를 피우면 술이 마시고 싶은 생각에 정신이 아득해져 왔다. 이미 배는 불러서 터질 것만 같았다. 그렇지만 꾸역꾸역 먹을 것을 목구멍으로 밀어 넣었다. 무언가 부족한 느낌에 자꾸만 먹을 것을 찾게 되었다.

하지만 어느 순간 배가 부른 데도 계속 먹는 것은 멍청한 짓이라는 생각이 들었다. 이렇게 계속 내 삶을 술로 낭비할 수는 없는 일이었다. 반 이상이 남은 맥주 캔을 내려놓았다. 이미 꺼 내둔 안주를 놓고 침대에 앉았다. 그리고는 일기장을 꺼내 일기 쓰기를 시작했다. 정신 차리자는 마음으로 차가운 물 한잔을 마셨다.

나를 구원할 수 있는 것은 술이 아니라 바로 나라는 사실을 마음속으로 되뇌었다. 내가 나를 망치는 짓을 그만하고 싶어졌다. 처음으로 내가 마시던 술을 놓은 순간이었다. 그러고 나서는 더 쉬웠다.

마지막 잔에 대해 아쉬움을 버리니 술을 줄이는 것이 훨씬 쉬워졌다. 술 약을 먹는 것도 나에게는 도움이 되었다. 병원에서는 이제 술을 마실 때 약을 같이 먹는 것을 자제할 필요가 있다고 말했기에 술 약속을 잡는 것도 줄이게 되었다.

다음날 기억이 나지 않을 정도로 술을 마시는 일도 점차 줄게 되었다. 그다음 날의 내 일상도 소중하다는 생각이 들게 되었고 술을 내가 조절할 필요가 있다고 느꼈기 때문이었다. 안주도 천천히 먹는 것을 연습했다. 예전에는 허겁지겁 허기를 채운 후 배가 터지도록 먹었지만, 이제는 미리 밥을 먹고 난 후에 천천히 음식을 음미하도록 했다.

술에 대한 집착을 버리고 싶었기에 언제든 마실 수 있지만, 내일 후회하지 않을 정도로만 마시자고 정하기로 했다. 그러고는 딱 정해 놓은 만큼만 마시기로 나와의 약속을 지켜나갔다. 술과 멀어지고 싶은 나의 노력이었다. 아직도 술을 끊으려면 한참은 멀었지만 그래도 꽤 봐줄 만한 발전이었다.

3부

친구들에게 기대어 보기

사실 많은 남자친구들과 헤어질 때마다 고통에 몸부림치던 나를 도와준 것은 술뿐만이 아니었다. 같이 옆에서 묵묵히 이야기를 들어주고 슬퍼해 주던 친구들이 있었다. 하루는 지연이라는 친구에게 말했다. “지연아 나 죽고 싶어” 지연이는 씩 웃으며 말했다. “나도 이 거지 같은 세상 살기 싫다” 우리는 동네 놀이터 벤치에 앉아 꼬치 한 개와 캔맥주 한 개를 먹으며 시 덥지 않은 이야기를 나누었다.

지연이가 틀어 둔 노래는 슬프고 우울한 노래들 뿐이었지만 어쩐지 위로가 되는 느낌이었다. 그래서였을까? 우리는 돈이 없어서 놀이터에서 노상을 하는 중이었지만 왠지 조금씩 행복해지고 있었다. 죽음을 이야기하면서 행복해지다니 참 아이러니한 이야기였다. 하지만 곁에 누군가가 있다는 이유만으로 내 마음은 슬며시 따뜻해졌다. 사실 우리는 셀 수도 없이 술을 많이 마셨다. 지연이가 아무리 바보 같은 짓을 반복해도 옆을 지킬 수밖에 없는 이유는 나도 지연이에게 위로를 많이 받아서 일 것이다.

우리는 각자 이별을 맞이할 때면 속이 타버려라 하고는 술을 부어 댔다. 엄마가 들으면 놀라 자빠지겠지만 그땐 그렇게 하는 게 차라리 속이 시원했다. 그리고는 담배를 그렇게 피워 댔다. 여자의 한숨이라나 뭐라나 말도 안 되는 헛소리를 하며 허공으로 사라지는 연기를 보았다. 결과적으로는 이별을 이겨내는 데 도움이 되었지만, 그리 몸에 좋은 방법은 아니었다. 그렇게 우리만의 방식으로 서로를 위로했다.

지연이와는 가장 많이 만나서 술을 마셨는데 멀리 살아서 만나지 못하는 친구인 그니와는 주로 메신저로 고민을 터놓았다. 내가 전 남자친구와 헤어져서 죽고 싶다고 말할 때면 자기가 대신 그 자식 머리통을 부숴주겠다는 말로 내게 웃음과 위로를 줬다. 여름이라는 친구는 때때로 나의 건강을 걱정하며 비타민 같은 것을 보내왔다. 내가 끼니도 제대로 챙기지 않는다는 것을 걱정했기 때문이었다. 우리 엄마도 내가 뭘 먹는지 신경 쓰지 않는데 얘는 왜 이런 것을 다 챙기는지 쑥스럽지만 내심 정말 고마워 눈물이 날 것 같았다. 천송이는 술만 먹어 대는 나를 걱정하며 자기 집에서 일박을 하게 했다. 삼시 세끼를 챙겨주며 같이 영화도 보고 내 곁을 지켜주는 이 아이가 정말 고마워 마음이 아려 왔다.

나는 외로웠지만 때때로 곁을 지켜주는 친구들 덕분에 살아갈 수 있었다. 세상에서 나를 사랑하는 사람은 아무도 없을 줄 알았는데 그게 아니었던 것이다. 친구들에게 그때 받았던 위로는 아직도 고맙게 생각한다. 내가 가장 외로울 때 옆에 있어 준 친구들은 정말이지 기억하지 않을 수가 없다. 연락이 가끔 안 될 때 괜히 원망했던 나의 모습이 너무 부끄러울 지경이었다.

내 친구들은 어떤 마음일까?

하루는 여름이와 술을 먹으러 만날 날이었다. 문득 얘는 우울할 때 어떤지가 궁금해졌다. 항상 긍정적인 말만 하고 실실 웃으면서 귀여운 말투로 말하는 여름이도 나처럼 우울할 때가 있긴 한 걸까? 괜히 물어보고 싶어졌다.

원래 같으면 술자리에서는 우울한 얘기를 절대 안 하지만 뭐 우리가 그걸 금지해 놓은 것도 아니고 이때다 싶어서 말을 건넸다. "야 너도 우울할 때가 있냐?" 여름이는 의아한 듯이 말했다. "나도 당연히 있지" 의외의 말이라 좀 더 궁금해진 나는 더 자세히 물어보기로 했다. "그럼 너의 고민은 뭔 데?" 술을 마저 마시며 여름이가 대답했다. "나는 누군가의 고민을 내 고민처럼 생각하고 말해 줬는데 지금은 습관처럼 말해 주는 것 같아. 이렇게 말하면 친구들 입장에서는 서운할 수도 있겠지만 정작 나는 내 고민을 말할 사람이 없다?"

나는 그럴 수도 있겠다고 생각하며 더 말하라는 몸짓을 했다. "내 기준선에서 말할 수 있는 사람은 분명히 있지만, 그 사람들도 각자 힘든 일이 있을 텐데 내가 말했다가 더 힘들어질 것 같아서 말을 못 하겠어. 그래서 내 진짜 모습을 내비치면서 고민을 털어놓기가 쉽지 않아"

나는 여름이가 왜 사람들에게 쉽게 고민을 털어놓지 못하는지 알 것만 같았다. 나도 남에게 우울하다고 못하겠다는 마음이니까. 술을 마시며 말했다. "그럼 네가 특히 우울할 때는 언제인데?" "흠 글쎄, 혼자 있을 때? 특히 잠들기 전에 같아. 집에서도 정적이 견디기 힘들고 애초에 잠에 잘 못 들어 심할 때는 3시간이 걸리기도 해 그래서 노래를 틀어 놓고 자" 여름이의 이야기를 들으면서 예전에 수면제 없이는 잠에 들 수 없던 내 모습이 생각났다.

"야 그럼 너는 우울하면 어때? 무슨 생각이 들어?" 여름이는 좀 고민하는 표정을 짓더니 대답했다. "슬프고 외롭지 근데 이 세상은 혼자 사는 거라는 생각이 들어. 어차피 남들도 다 힘들 텐데 내가 뭐라고 이러나? 생각하면서 펑펑 울어버리고 다시 긍정적으로 생각하려고 해. 누구에게 이 감정을 말할 생각도 없고 한다 해서 달라질 것도 없으니까. 뭐 가끔 말해 본 적이 있긴 한데 해보니 생각보다 속이 후련하긴 했지만 나한테는 그 이상도 이하도 아닌 것 같아. 그렇다고 해서 너나 다른 사람들도 다 그러라는 뜻 절대 아니다? 나는 나고 너는 너니까. 오히려 내가 안 하는 만큼 내 소중한 사람들은 더더욱 이야기하면서 살면 좋겠어. 그냥 누군가에게 말하는 거를 두려워하지 않았으면 좋겠달까.

나는 안 하면서 누군가에게는 하면 좋겠다고 말하는 게 굉장히 이기적이고 모순적일 수도 있지만 그렇게 생각해 말 못 하는 마음도 말하는 마음도 모두 얼마나 대단하고 용기가 있는 행동이라는 걸. 나도 아니까 나도 겪어봤으니까, 어떻든 간에 그 마음들을 항상 응원하고 멋있다고 생각해. 그래서 난 항상 내 주변 사람들이 진심으로 행복했으면 좋겠어! 그게 어떤 방식이든" 우리는 술을 마시며 많은 이야기를 했지만 내 머릿속에는 사람 사는 거 다 똑같구나! 얘도 나와 같은 고민을 하는구나!라는 생각이 떠올랐다.

모두가 사는 게 힘들다고 하지만 또 한편으로는 모두들 견디며 살고 있구나 했다. 무언가 여름이 에게 나는 힘이 되어 주지 못하는 친구 같아서 미안한 감정이 들었다. 내가 조금만 더 단단한 사람이었다면 다른 힘이 되는 말들을 해 주었을 텐데 나는 그저 술잔을 기울이며 여름이의 말을 가만히 듣고 있을 수밖에 없었다.

나와 비슷한 친구

예은와 만나는 날이면 우리는 항상 술을 마신다. 왜인지는 모르겠다. 우리가 술을 좋아해서도 있고 술을 마실 때면 그래도 조금은 행복해서일까? 웃을 일이 많이 없는 우리는 주로 술을 마시면서 놀았다. 예은에게 고민 상담을 받으려고 만난 이날도 그랬다. 모두가 행복해 보일 때 가끔은 나와 비슷한 감정을 느끼는 예은에게 우울함에 관해 물어보고 싶었다.

우리는 자주 가던 동네의 술집에 가서 자연스럽게 술과 안주를 시키고 앉았다. "예은아 아 너랑 이런 이야기하는 게 어색해서 웃음 나온다." 예은이도 나와 얼굴을 마주 보며 웃어 댔다. 나는 다시 목소리를 가다듬고는 말했다. "너는 언제 우울해? 나는 그냥 숨 쉬듯 우울한 것 같아. 요즘은 좀 나아졌지만." 나의 이야기를 듣던 예은이가 가만히 생각에 잠긴 얼굴을 하더니 말했다. "나는 이런 상처를 가진 나를 사랑해 줄 사람이 있을까 하는 생각이 들 때 우울 해진다? 세상에 상처를 가진 사람들은 많지만, 흉터를 가진 나를 10년 뒤에 누군가를 만난다고 해도 사랑해 줄 수 있을지 모르겠어." 예은이의 말을 들은 나는 공감이 가면서 고민에 빠졌다. 예은이가 지금 만나는 사람은 내가 봐도 결코 좋은 사람은 아니었다. 하지만 예은이의 흉터는 자해의 흉터였기에 예은이만 아는 상처를 그 사람이 보듬어주고 있었다면 할 말이 없는 것이었다.

예은이는 술을 마시고 다시 말하기를 시작했다. "누구에게는 말해야 아는 상처지만 나에게는 눈으로 보이는 흉터야. 상처와 흉터는 달라. 흉터는 나만 있는 것이고 창피하고 숨겨야 하는 거야. 그런데 누군가가 나를 사랑하려면 이걸 알아야 하고 이 흉터를 아는 사람만 만날 수밖에 없어. 내 흉터를 징그러워할까 봐." 예은이의 말을 듣고 나는 선뜻 대답하기가 어려웠다. 예은이만 아는 흉터에 대해 내가 함부로 말했다가 되려 상처를 주게 될까 봐 걱정되었다. 잠시 숨을 고르고 내가 아는 상처가 되지 않을 단어를 고르고 골라 말을 했다. "예은아 너의 흉터는 부끄러운 것이 아니야. 그냥 네가 그만큼 많이 아팠다는 눈에 보이는 사실일 뿐이야. 하지만 네가 그렇게 생각한다면 나는 함부로 너의 상처에 대해 말하고 싶지 않아. 그저 나는 네가 잘못된 사람을 만나는 것이 걱정되어서 그래. 그 사람을 만나면서 너도 힘들고 아팠잖아. 너의 미래와 시간을 헛되이 보내게 될까 봐 그게 걱정이 된다.” 예은이도 생각에 잠긴 표정을 하며 우리는 생각을 나누었다.

“걔를 사랑하진 않아. 근데 걔는 적어도 상처마저 사랑해 주니까. 나한테는 얘밖에 없어. 나랑 같이 있어 줬으니까. 걔는 인간적으로 쓰레기지만 내 상처를 안아준 사람이었어. 나를 사랑해 줄 사람은 얘밖에 없는 것 같아.” 나는 예은이를 사랑해 줄 수 있는 사람이 분명히 더 좋은 사람으로 나타날 것이라고 믿어 의심치 않았지만 차마 예은이에게 그런 말을 할 수는 없었다. 나도 예전에 좋지 않은 사람을 만났고 그때는 그 사람이 나를 함부로 다루는 것을 알면서도 내 마음을 어쩔 수가 없었으니 말이다. 예전의 기억이 나서 예은이에게 아니라고 말을 할 수가 없었다.

술과 안주를 먹고 담배 한 대를 피우며 예은이에게 물어봤다. “그럼 너는 우울 할 때 어떤 생각이 들어? 나는 우울하면 눈감고 딱 죽고 싶더라” 예은이는 담담하게 말했다. “너무 슬프지. 나는 내가 진짜 우울했을 때 내 가족이 내 편이 아니었어. 물론 지금 우울한 것은 아니지만 내 곁에 아무도 없다고 느낄 때마다. 아무도 내 잘못이 아니라고 말해 주지 않을 때마다. 내 편이 아무도 없을 때. 막상 내가 필요한 순간에는 아무도 내 잘못이 아니라고 말해 주지 않을 때 죽고 싶은 생각이 들어. 내 곁에 있는 가장 위험한 흉기로 나를 위협하고 싶어. 고등학교 때는 내 옆에 있는 게 눈썹 칼이었고 성인이 되어서는 부엌칼이었어." 나는 예은이가 얼마나 아팠으면 그 아픈 행동을 자기 자신에게 할 수 있었는지 감히 상상이 되질 않았다. 그리고 그 순간마다 내가 예은이 곁에 있어 주지 못한 것이 너무 미안했다. 성인이 되어서 우리가 다시 한번 만났기에 그제서야 친해질 수 있었던 것이 못내 아쉬웠다. "너는 그럼, 사람과의 관계는 어땠던 것 같아? 나는 우울했을 때 사람들과 잘 못 지냈거든." 예은이는 웃으며 대답했다. "항상 완만했어. 너무 노력해서 원만하면서도 자해했던 것 같아." 예은이의 이야기를 들으며 표정을 보고 있으니 예은이의 웃음이 웃음처럼 느껴지지 않는다. 매번 나를 향해 웃음 짓던 예은이가 어떤 마음으로 웃고 있었을지 나는 상상이 되질 않았다.

얼마나 많은 일이 있었고 예은이 혼자서 힘든 일상을 보내왔던 걸까? 마침 곁에 있는 친구가 나 같은 애이고. 나는 또 나대로 힘든 일 때문에 곁에서 힘이 되어 주질 못한 것 같아서 한없이 미안해졌다. 그렇지만 예은이가 있어서 참 다행이라고도 생각했다. 우리는 그렇게 토가 나올 때까지 술을 들이켜 댔다. 우울한 이야기와 시답지 않은 농담을 적절히 섞어 가면서. 예은이는 제발 자기와 같은 사람들이 나의 이야기를 보고 자신과 같은 행동을 하지 않았으면 한다고 했다. 그리고 자기는 이게 너무 후회여서 다른 사람들은 뜯어말리고 싶을 지경이라고 했다. 예은이의 마음이 정말 온전히 느껴지는 이야기였다. 수많은 우울한 밤들 중에 예은이가 없었다면 결코 버티지 못했을 것 같은 날이 많이 생각났다.

우리는 같은 병을 앓고 있었지만 다른 길을 걷고 있었다. 각자 자신만의 방법으로 버티고 있었던 것이었다. 나는 부디 나와 예은이가 빨리 괜찮은 일상을 보낼 수 있기를 기도했다. 예은이가 없다면 나는 버티지 못했을 것이니까. 그래서 가끔 예은이가 술을 먹고 난동을 부려도, 바보 같은 말과 행동을 해서 나를 화나게 만들어도 예은이여서 넘어가게 된다. 아주 아프게 꿀밤을 때리고 싶긴 하다.

불안함과 마주보기

생각해 보면 내 불안함은 내가 아무것도 하지 않고 누워만 있는 것에서부터 흘러나왔다. 나는 그걸 아주 잘 알았지만 우울함에 뒤덮인 나는 거기서 빠져나오는 것이 너무나 어려웠다. 한번 우울함에 빠지면 답이 없다는 것을 알았지만 약을 먹고 나서도 내 감정을 내 마음대로 주체하기란 쉽지 않았다. 우울한 나 나약한 나 이기적인 나 어쩌면 애정이 결핍된 나의 모습 모두 내가 정말 싫어하는 내 모습이다. 하지만 우울함에 한 번 빠지기 시작하면 나오는 나의 대부분의 모습이 그랬다.

다들 잘만 사는데 나만 웅덩이에 고인 물처럼 머물러 있구나. 나는 잘하는 것도 없고 하고 싶은 일도 없는데 도대체 어떻게 살아야 하는 걸까? 나의 삶에 대해서 생각하면 끝도 없는 구덩이에 빠져 지하 저 밑으로 내려가는 느낌이 들었다. 어쩔 수 없이 나는 이렇게 태어난 사람인가 봐. 나도 내가 싫다. 나를 증오한다. 우울함의 늪에 빠져 허우적거리는 것도 멈춘 채로 아무것도 하지 않는 내가 너무 한심했다. 그저 이 상황이 언젠간 정리되기를 기다리며 또다시 그다음 약을 삼켰다. 하지만 약을 먹는다고 나의 불안감이 바로 나아지지는 않았다. 또 쿵쾅대는 심장과 식은땀이 나를 괴롭혀 왔다. 혼자만의 시간을 불안감의 시간으로 생각하는 나는 이 괴로움을 어떻게 빠져나가야 할지 고민이었다.

이른 아침 꿈을 꾸었다. 고등학교 때로 돌아가서 7시에 기상하여 동생과 함께 학교를 가는 꿈이었다. 아침에 일찍 일어나서 비몽사몽한 상태로 학교에 갔다. 나는 오늘 하루만 학교를 빠지고 싶어서 계단을 타고 밖으로 빠르게 내려갔다. 집에 가니 엄마가 있었다. 엄마에게 학교를 빠진 것을 말해야 하는 것이 너무 무서웠지만, 막상 말하고 나니 엄마는 아무런 신경을 쓰지 않았다. 내가 대학생이었기 때문이었다. 잠에서 깨고 나니 그때는 그토록 원하던 삶을 나는 지금 얻었는데 이토록 한심한 생활을 하는 것이 후회되었다. 꿈 덕분에 나는 다시 한번 내 생활에 대해 반성하게 되었다. 과거의 내가 정말 원하던 삶을 살고 있다는 것을 깨닫는 순간 이렇게 살면 안 되겠다는 생각이 들었다.

절대 나를 우울함에 빠지게 두고 싶지 않았다. 밥을 먹고는 커피를 핑계로 햇살을 받으며 산책을 했다. 시장에 가서 장도 보고 마트에 가서 사람 구경도 했다. 집에 와서 조금이라도 불안해질 것 같으면 인터넷에서 중고로 산 책을 펼쳐 읽기 시작했다. 옛날부터 유일한 취미였던 독서를 다시 시작했다. 남자친구가 운동을 가면 그 시간 동안 혼자서 일기를 썼다. 옛날에 내가 써 놓았던 글도 읽고 방 청소를 했다. 빨래도 하고 설거지와 분리수거를 했다. 한번 청소하기를 시작하니 내가 내 공간을 얼마나 어지럽게 방치했는지 눈에 보이기 시작했다. 하루에 한 번 샤워를 하고 깔끔한 옷을 챙겨 입었다. 남자친구가 운동을 갔다 오면 둘이서 공부할 책을 챙겨 맛있는 음료와 함께 공부했다. 하나하나씩 내 일상을 불안함 대신 눈에 보이는 행동으로 채워 넣었다.

그렇게 하다 보니 불안함과 우울함 대신 뿌듯한 마음이 나를 채웠다. 결국 나는 정말 따내고 싶었던 자격증을 얻는 것에 성공하게 되었다. 남들이 들으면 별것 아닌 난이도 쉬운 자격증이었지만 내가 해냈다는 사실이 눈물이 나게 기뻤다. 하다 보니 다른 자격증도 욕심이 생겨 손 놓고 있던 취업 준비를 차근차근해내었다. 시간만 죽이고 아무것도 하지 않던 모습이 점차 변하고 보이는 행동으로 일상을 채워가자 나의 불안감은 곧 안정감으로 변해갔다. 처음 시작은 정말 어려웠지만 작은 것부터 차근차근해 나아갔다. 방 청소부터 자격증 공부까지 손 놓고 있던 나 자신에게 다시 한 번 나는 손길을 내밀고 일어났다. 나를 죽이던 불안함이 계기가 되어 나를 다시 열심히 살아가게 만들었다는 사실에 가슴이 시큰거려왔다.

가족들과 시간을 보내는 방법

평범한 일요일 아침이었다. 오늘은 무엇을 해야 할까? 남자친구가 알바를 온종일 하는 날이다. 일주일 내내 같이 붙어 있는 남자친구가 알바를 가는 날이면 나는 갑자기 할 일이 없는 사람이 된다. 우울증에 걸리고 2년이 지난 사이에 나는 혼자서는 아무것도

할 수 없는 사람이 되어버렸다. 집에 혼자 남겨졌다는 사실이 죽기보다 싫었다

그전에는 어땠더라. 나 분명히 집에서 혼자 있는 것을 즐기는 사람이었는데. 우울증에 걸리기 전에 내 마음이 어땠는지 기억이 나질 않는 것처럼 그전에 내가 어떻게 살아왔는지 도무지 떠올릴 수가 없었다. 답답한 마음은 오로지 내가 감당해야 할 몫. 그 어느 누구에게도 이 마음을 말할 수가 없었다. 말을 전하는 것만으로도 상대방에게 부담이 되고 내 우울함이 옮을까 봐 끝내 속으로 삼키기만 했다.

약을 먹기 위해 오랜만에 아침을 챙겨 먹었다. 누워서 핸드폰도 하고 친구와 연락도 나누고 샤워도 했다. 하지만 내 따분함과 무기력함은 도무지 사라질 기미가 보이지 않았다. 그냥 짐을 챙겨 옷을 갈아입고 무작정 부모님 집으로 가는 버스를 탔다.

집으로 가는 버스 안에서 듣는 노래는 울적한 기분을 환기시켜 주었고 바깥의 시원한 바람과 따뜻한 햇살은 무기력함을 밝은 기운으로 바꿔 주었다. 역시 사람은 밖으로 나가야 하는 걸까? 기분 좋은 날씨가 나의 우울함을 어느 정도 날아가게 해주는 느낌이 들었다.

동생은 일하러 나가고 나는 엄마 아빠와 같이 드라이브를 갔다. 솔직히 동생 없이 부모님과 하는 드라이브를 즐기지 않는다. 화해한 지 얼마 되지 않은 부모님과 할 이야기가 많이 없으니 당연한 일이라고 할까? 걱정과는 다르게 내가 좋아하는 노래를 차에 연결해서 같이 듣고 아빠가 내게 좋은 장소라고 데려다주신 곳에서 엄마와 팔짱 끼면서 걷는 것은 생각보다 괜찮았다.

산책을 다 한 후에는 내가 가고 싶다고 말한 카페를 셋이서 갔다. 카페에 가는 것을 돈 아까운 행동이라며 싫어했던 아빠도 같이 아이스 아메리카노에 케이크가 잘 어울린다며 즐겼다. 엄마는 아빠와 셋이 오랜만에 사진을 찍자고 카메라를 들이댔다. 나는 어느새 가족과의 시간에 녹아 있었다.

집에 와서 생각해 보니 그 순간은 우울함이 생각나지 않았던 것 같다. 아픈 순간도 좋은 순간도 영원하지 않다는 걸 알면 인생에서 일어나는 일에 쉽게 휘둘리지 않고 살아갈 수 있다는 말이 이런 뜻이었을까? 많은 것을 생각하게 된 하루였다.

가족과의 거리

내게 엄마는 참 미운 사람이었다. 하지만 그만큼 세상에서 가장 많이 사랑한 사람이었다. 엄마가 내게 항상 화만 낸 것은 아니었다. 자취하고 나서는 항상 아침 9시마다 아침 전화로 나를 깨우셨다. 처음에는 정말 지긋지긋했지만 나중에는 전화가 오지 않으면 서운한 감정이 들었다. 내가 변덕이 좀 심하긴 하다.

하루에 한 번 성경 말씀과 함께 엄마는 문자를 보내셨다. 처음에는 별생각 없던 문자가 시간이 지나면서 애정으로 느껴지게 되었다. 엄마가 하루에 한 번은 내 생각을 하는구나 하고 깨달았다. 엄마는 "현빈아, 밥 잘 챙겨 먹고 운동이랑 공부 열심히 해라. 엄마가 사랑하고 축복한다."라고 매일 하루도 빠짐없이 문자를 보내셨다.

하루에 한 번 꼭 나와 통화를 하는 것도 그랬다. 엄마는 무심한 듯 다정한 목소리로 밥은 먹었는지 공부는 했는지 산책은 다녀왔는지를 물으셨다. 처음에는 이것 또한 귀찮았지만, 지금은 안다. 엄마가 나를 사랑해서 이렇게 물어보는 것이라는 것을.

집이 싫어서 무작정 나온 딸이 걱정되는 마음이 느껴질 무렵 예전의 엄마와 지금의 엄마는 달라졌다는 것을 알게 되었다. 나도 시간이 지난 이후로 많이 달라졌듯이 우리 엄마도 나를 대하는 행동이 많이 달라졌다는 것이 느껴졌다. 지금까지는 왜 몰랐을까? 내가 변할 수 있다면 엄마도 변할 수 있는 것인데.

그동안 엄마에게 서운한 마음이 너무 많이 쌓여서일까? 높게 쌓인 서운함이 엄마의 마음을 제대로 볼 수도 없게 만들어 놓았다. 엄마와 더 이상 같이 살지 않아서 더 애틋하게 느껴지는 걸 수도 있겠다고 생각한다. 아무리 사랑하는 가족 사이에도 적당한 거리가 필요한 것이라고 느꼈다. 이제는 엄마가 내 옆에서 직접 잔소리를 하거나 화를 내지는 않으니까. 서로 좋은 말만 나누기에도 하루가 부족해져서 오히려 더 행복하다.

아빠도 가끔 무뚝뚝하지만 엉뚱한 문자를 보내셨다. 어디선가 본 좋은 글귀를 통째로 복사해서 나에게 보내오셨다. 그게 참 아빠답고 웃겼다. 웃기면서도 한편으로는 마음이 아려 왔다. 그래 우리 아빠도 나를 사랑하지. 사랑 없이는 좋은 글귀들을 모아 매번 나에게 보내지도 않을 것이다.

내가 매번 술에 취해 엄마나 아빠에게 술주정을 부려도 엄마 아빠는 한 번도 받지 않거나 뭐라고 하신 적이 없었다. 그저 묵묵히

들어주시고 뭐가 그렇게 힘든지 물어보실 뿐이었다. 나는 그게 또 마음이 아파서 전화로 엉엉 울어 댔다. 물론 그다음 날 창피함에 이불을 차 대곤했다. 술기운을 빌려 엄마 아빠에게 전화를 걸어 댄 것을 후회하지는 않는다. 그저 맨정신으로는 도저히 엄마 아빠 목소리가 듣고 싶어서 전화했다는 말을 못 할 것 같아서였다. 그동안은 집에서 부대끼며 살아왔고 보고 싶으면 볼 수 있었지만 집을 나온 지금은 그럴 수 없었다.

우리는 어쩌면 가족이라는 틀 안에서 너무 좁게 살아왔던 것 같다. 각자 좀 더 떨어져 있게 되어 보니 서로를 훨씬 선명하게 볼 수 있는 것처럼 말이다. 엄마와 아빠의 소중함도 훨씬 더 잘 느껴지는 요즘이었다.

나의 보통의 일상

정신과 약을 먹은 지 1년하고도 6개월이 지난 지금 나의 보통의 일상을 떠올려 보면 딱히 열심히 살지는 않는다. 그저 약을 먹기 전보다는 살만 해졌달까? 비록 학점 관리를 열심히 하지 않아 한

학기를 더 다녀야 하는 바람에 5학년이 되었다. 친구들은 여기가 무슨 초등학교냐며 놀리지만 뭐 개의치 않는다. 졸업을 앞두고 있는 막 학기까지 내가 살아남았다는 게 나는 대견하니까. 후후 예전보다는 우울한 생각이 줄어들어 일상을 잘 보낼 수 있다는 것에 감사하다.

아직도 약을 갑자기 끊으면 불안함과 우울함이 몰려오지만, 약으로 버틸 수 있다면 영원히 먹어야 하는 비타민 정도로 생각한다. 감기에 걸리면 감기약을 먹듯이 마음이 아프면 정신과 약을 먹는 건 당연하지 않나? 이제는 남들이 내가 약을 먹는 것에 대해 함부로 말하는 것에 대해 신경 쓰지 않기로 했다. 나는 나고 남들은 타인이기 때문이다. 삶을 살아가는 것은 결국 내 자신이기에 나의 건강과 마음에 더 신경 쓰기로 했다.

예전 같았다면 내 머릿속 말이 너는 마음의 병을 약 없이는 절대 이겨내지 못하는 나약한 놈이야 라며 비아냥거렸겠지만 지금은 괜찮다. 약을 먹고 난 후에는 머릿속 말이 날 더 이상 괴롭히지 않으니 말이다. 내 검은색 진물도 거의 맑아졌다. 아니 엄마에게 진심을 담은 편지를 쓴 이후로는 더 이상 진물은 나오지도 않고 생각도 나질 않는다. 두려웠던 일들을 하나하나 해 나갈수록 나는 불안감에서 자유로워질 수 있었다.

약도 많이 줄여 나가서 아침 약만 먹었다. 불안약 없이도 밖에 나갈 수 있게 되었고 수면제 없이도 편하게 잠들 수 있게 되었다. 술만 마시면서 일주일을 보낸 처음과 비교하면 정말 생각지도 못할 발전이었다. 점차 불안한 나의 모습과 멀어지고 있었고 나는 내 모습을 왜곡하지 않고 똑바로 바라볼 수 있게 되었다. 그동안 나를 내가 얼마나 괴롭히고 있었는지도 알게 되었다.

병원을 바꾸고

1년 넘게 다녔던 병원을 하루아침에 바꿨다. 그동안 상담 같지 않은 짧은 상담 시간에 불만이 있었고 집에서 거리도 멀어서 왕복 2시간이었던 게 불편했지만, 마지막 상담 때 내 말을 끊은 게 신경 쓰여서 그만 다니기로 했다. 지금까지의 상담 내용을 생각해 보면 별로 머리에 남는 내용이 없다. 가끔 내 감정이 우울하다는 것을 말했을 뿐. 비록 그 병원 덕분에 많은 것이 나아졌지만 말이다. 병원에 정이 아닌 정이 들어서 머뭇거리다 몇 개월이 지났지만 이젠 내가 살아남는 것이 우선이었다.

두 번째 병원은 집에서 십 분 거리에 있는 동네 병원이었다. 일단 첫 번째로 가까운 게 마음에 들었고 병원에 선생님이 세 분이 계신다는 게 좋았다. 혹시 여자 선생님을 만나게 될 수도 있으니 까였다.

하지만 내 선생님은 할아버지 선생님이셨다 그래도 뭐 상관없었다. 그런데 상담하면서 알게 된 것이 있었다. 바로 내가 고집이 세다는 것이었다. 아빠와 2년간 말을 하지 않았다는 것을 듣고 서는 고집이 좀 있네요. 라는 말을 의사 선생님이 하신 순간 당황했다. 그런 거였나? 그러고는 바로 "그렇지만 고집이 세다는 것은 반대로 주체적이라는 말도 될 수 있죠"라고 말씀하셨다. 나는 병원에서 나와서는 내가 고집이 세고 반대로 주체적이라는 말을 되뇌며 기분이 오묘했다.

그동안 머릿속에서 나는 죄책감과 불안함으로 인해 고통받고 있었다. 나의 우울증의 원인 중 하나인 그 사건이 남들이 보기엔 사소한 일이면 어쩌지 하는 불안감 때문이었다. 하지만 내가 주체적이기에 그렇게 버틴 것으로도 볼 수 있다니. 나는 나를 어쩌면 정말 이상하게 보고 있었을지도 모르겠다.

아직 병원을 옮긴 지 얼마 지나지 않아서 잘 모르겠지만 새로 바꾼 약은 나의 몸에 매우 잘 맞았다. 갑자기 약을 한 번에 바꾸게 되어 걱정되었지만, 저번 약처럼 때때로 우울감이 불쑥 찾아와 나를 괴롭히지도 않았고 감정 조절이 힘들어 울고 웃기를 반복하지도 않았다. 새로운 약이 나에게 잘 맞아서 얼마나 좋은지 모르겠다. 하지만 여전히 나는 술을 못 끊었고 술 약은 더 많이 처방받았다. 어쩌면 술과의 더 긴 싸움이 될지도 모르겠다. 술을 끊게 되는 날이 오기는 할까? 또다시 걱정의 소리가 들려오는 듯했다. 하지만 나는 지금껏 그래왔듯이 결국 이겨낼 것이다.

우울한 감정

우울증을 겪어보지 않는 내 동생이 문득 나에게 도대체 우울한 것이 무엇인지 물어보았다. 나는 선뜻 대답하기가 어려웠다. 우울한 느낌이 무엇이냐고 물어보면 금방 생각이 나질 않는다.

우울함만 떠올려도 머리가 아파오려는 것 같기 때문일까? 그저 가슴이 갑갑한 느낌이다. 슬픔이 몰려와 나를 잠식한 느낌과 함께 아무도 나를 도와주지 못한다는 절망감의 느낌이 든다. 나조차 내가 싫어지는 원망의 기분이 든다. 이런 내가 한심하지만 손가락 하나 까딱할 수 없게끔 어떤 존재가 나를 무겁게 짓누르는 느낌이다.

가슴이 타들어 가는 듯이 아프다. 거짓으로 아픔을 말하는 것이 아니라 정말 내 몸과 가슴이 멍든 것처럼 아파오기 시작한다. 어떨 땐 눈물이 하염없이 흘러 내가 마침내 미친 것 같기도 하다. 하지만 어떤 날에는 눈물도 나오지 않아 답답해 죽을 것 같다. 차라리 눈물이라도 시원하게 흘리고 나면 답답함이 조금은 걷히기 때문이다.

무거운 돌이 나를 짓누르는 느낌과 젖은 솜 같은 내 몸이 우울함을 없애기 위해 움직이려는 의지마저 없애 버린다. 그저 한숨만 푹푹 내쉬는 내 모습을 바라볼 수밖에 없었다.

동생에게 우울함에 대해 말해 주고 나니 또다시 질문을 받았다. "그럼 우울한 사람에게는 뭐라고 해줘야 해?" "글쎄, 생각 좀 해보자" 나는 내 우울함을 가장 잘 아는 애인을 떠올렸다. 내가 우울하다고 용기를 내어 말하면 가장 먼저 이리와 라고 하며 꼭 안아줬다. 아무런 말도 하지 않고 내 등을 토닥여 주는 애인의 손길을 느끼고 있으면 금세 서러운 마음이 배가 되어 아이처럼 엉엉 울어버렸다. 그러고 나면 마음이 한결 가벼워졌다. "이제 괜찮아? 뭐 때문에 우울했던 것 같아?"라고 애인이 물어보면 나는 "별거 아니었어! 그저 우울함이 또 몰려왔던 것 같아"라고 대답했다. 그리고 우리는 또 별일 아닌 것처럼 시시덕댔고 나는 다시 금방 웃을 수 있었다. 그렇게 하루하루를 살아갔다. 동생에게는 이렇게 말했다. "그냥 그 사람이 자기감정을 말할 때까지 천천히 기다려주면 될 거야. 그러면 듣고 싶었던 마음의 말을 할 텐데 그걸 듣고 위로해 주면 돼. 꼭 안아주면서" 동생은 내 말을 듣고 가만히 끄덕였다.

우리는 살면서 어쩔 수 없이 사람에게 기대고 싶은 날이 오게 된다. 그럴 때 주저하지 말고 옆 사람에게 도움을 요청하는 방법도 나쁘지 않은 것 같다. 힘들고 우울함이 몰려올 때 옆에 소중한 사람이 손을 내밀어 주면 그보다 좋은 방법이 없을 거라고 생각한다.

가치 있는 사람

생각해 보면 나는 내가 항상 형편없고 가치 없는 사람이라는 생각을 자주 해왔었던 것 같다. 도대체 가치 있는 사람이란 것이 무엇이길래 나를 이렇게 괴롭히는 걸까? 사람이 꼭 가치가 있어야 할까? 나는 물건이 아닌데 가치를 따진다는 것부터 잘못된 생각인 것 같다. 나는 나 자신 그 자체로 소중한 사람이라는 것을 깨달았어야 했다. 하지만 너무나 많은 부정적인 생각들이 나를 뒤덮었고 제대로 생각을 할 수가 없었다.

그동안은 내 가치에 초점을 맞추고 살아왔기에 결코 행복할 수가 없었다. 나를 있는 그대로 보고 인정하기를 두려워했기 때문이다. 정말 마음에 손을 얹고 생각해 보면 나를 미워하기만 해도 바쁜 모습이 제일 먼저 떠올랐다. 우울함에 빠져 아무것도 하지 않는 모습이 정말이지 견디기 힘들 정도로 보기 싫었지만, 그때는 어쩔 수가 없었다. 사실 지금도 아무것도 하지 않는 내 모습을 가만히 두고 보기가 어렵다.

세상 사람들은 쓸모없는 사람들을 보며 욕해왔고 나는 그렇게 되기가 죽기보다 싫었다. 그리고 우울증을 앓는 동안 나는 소위 말하는 쓸모없는 사람이 되어 있었다. 내가 나를 사랑할 수 없는 삶을 살아서였을까? 도통 나를 제대로 쳐다보기가 어려웠다. 하지만 나도 나를 싫어하면서 누구에게 사랑을 바라며 사랑을 할 수 있을까? 이제는 달라져야 한다고 생각했다.

내가 누군가에게 가치가 없는 사람이래도 나에게는 소중한 자신이란 것을 깨달아야 한다. 지금부터라도 온전히 나를 받아들이기로 했다. 나는 우울하고 때로는 아무것도 할 수 없을 만큼 힘들어져서 가만히 있지만, 그 부분도 내 인생에 한 부분임을 이젠 이해한다. 아픈 시간만큼 좀 더 푹 쉬고 힘을 충전해서 다른 곳에 쓰면 된다. 이 우울한 감정을 견디기 힘들면 괜찮아질 때까지 기다렸다가 다시

한 발 내디디면 되는 것이다. 아직도 술 약을 먹으면서 술을 못 끊는 나 자신이 원망스럽지만 한 번에 끊을 수 있다면 이 세상에 병원은 왜 존재하고 나는 약까지 처방받으면서 살고 있는 걸까? 나는 좀 더 여유를 갖고 천천히 내가 나아질 때까지 기다려주기로 했다.

죽음에 대하여

나는 우울증에 걸리고 가장 심각했을 때 매일 나의 죽음에 대하여 생각했다. 길을 걸어가면서, 밥을 먹으면서, 친구들과 이야기를 나눌 때도 항상 언제 죽을지 생각하고 있었다. 언제 어디서 내 생을 마감해야 할지가 가장 큰 고민이었다. 하지만 매번 생각만 할 뿐 그것들을 실행으로 옮기기에는 내 용기가 부족했다. 지금 생각해 보면 그랬던 것이 참 다행이지만 그때는 그 점이 매우 힘들었다. 항상 죽음을 생각하면서 막상 죽으려면 죽지도 못한다는 게 내가 생각할 땐 너무 한심했다. 머릿속의 목소리가 나를 향해 비아냥댔다. '어차피 죽지도 못하는 게 무슨 자살이야 한심한 놈아' 그래 맞았다. 나는 알고 있었다. 나는 나 스스로 죽기에는 용기가 부족한 사람이라는 것을. 그리고 죽음이 아니라 이렇게 살기 싫다고 생각하고 있는 것을.

나는 죽기에는 아직 하고 싶은 일도 많았고 무엇보다 살고 싶었다. 내가 원하는 삶을 찾을 수는 없었지만 그래도 나중이라도 찾아서 살아가고 싶었다. 그걸 깨달은 순간 울음이 나왔다. 도무지 내 안에서 나오는 울음을 참을 수가 없었다. 그래 나는 살고 싶었던 것이다. 매번 내 죽음을 상상하면서 살고 싶어 하는 나를 무시하고는 나는 죽어야 하는 사람이라고 저주했었다. 하지만 지금은 안다. 나는 살아갈 자격이 있는 사람이라는 사실을. 어쩌면 옛날부터 알았지만, 그저 무시했던 것 같다. 내가 내 삶을 살아갈 자신이 없기에 미리 포기해 버린 걸 수도 있겠다.

이제는 내 삶을 포기하고 싶지 않다. 약을 오랫동안 먹으면서 내 생활 패턴을 점차 찾아 나갔고 안 좋은 습관들은 멀리하려고 노력했다. 나의 삶을 내가 가꾸어 나가고 싶다는 생각이 들었다. 오랫동안 방치해 놓은 나를 다시 일으켜 세우는 것이란 쉽지는 않지만 그래도 나는 다시 한번 해보고 싶었다. 다시는 죽음을 내 곁에 가까이 두기가 싫었다. 아직 나를 사랑하는 사람들이 많고 무엇보다 우리 할머니 보다 일찍 죽을 수는 없었다. 격주로 가는 병문안을 가서 조금이라도 할머니를 내 눈에 담고 싶었다. 우리 부모님보다도 빨리 죽기도 싫었고 내 강아지를 두고 어디를 가야 한다는 상상도

하기 싫었다.

하고 싶은 것들을 상상하면서 나는 점점 더 살고 싶어졌다. 역시 내 불안감은 내가 아무것도 하지 않을 때 나오는 것들이 맞았다. 더 이상 죽음만 바라보면서 나를 저주하고 싶지도 않았고 불안감이 나를 휩싸이게 두고 싶지도 않았다. 이제 나는 죽음에 대하여 생각하는 것을 잠깐 미루기로 했다. 지금은 앞으로의 삶을 어떻게 살아가야 할지 고민할 시간인 것 같았다.

일상적인 일상을 보내기 위해

일상적인 일상을 보내기 위해 무던히 노력 중인 요즘이다. 4년간 피우던 담배를 끊었다. 그런데 사실 전자 담배로 연명 중이라서 완전히 끊었다고는 말하기 부끄럽다. 하지만 시도는 좋지 않은가? 뭐 내 몸이니 내 맘대로 생각하는 것이지만. 애초에 몸에 좋지 않은 것은 시도도 하지 말라는 엄마의 말을 들었어야 했다. 하지만 나는 그렇게 하지 못했다.

아침에 일어나서 내가 제일 먼저 하는 행동은 전자 담배 피우기였다. 나도 안다. 이게 얼마나 미친 짓이었는지. 아마 우리 엄마가 알면 바로 내 등을 후려칠 것이다. 하지만 자취하는 자의 자유라고 할까나? 그렇지만 다시 정신을 차리고 정상적인 일상을 위해서 아침 루틴을 만들어 보았다. 요즘 일어나서 제일 먼저 하는 일은 전기포트에 물을 끓여서 차를 마시는 것이다. 어디 서 들었는데 따뜻한 차를 마시면 몸에 좋다기에 지금껏 함부로 써 댔던 몸에게 속죄의 의미로 차를 마시고 있다.

차를 마신 후에는 아침을 챙겨 먹는다. 원래는 하루에 두 끼만 먹지만 하루에 세 번 약을 먹어야 하므로 억지로라도 아침에 일찍 일어나서 아침밥을 챙겨 먹게 되었다. 약 덕분에 더 건강한 생활을 하게 된 셈이다.

삼시 세끼 잘 챙겨 먹고 약을 먹은 후에는 자격증 공부를 하거나 동네 산책을 간다. 햇빛을 마주 보다 보면 건강해지는 느낌에 기분이 좋아진다. 물론 나는 5학년 이기에 학교도 가고 알바도 다니고 있다. 남는 시간에는 하기 싫은 공부도 하고 친구도 만나며 애인과 데이트를 가기도 한다. 나는 부족하지만 그래도 알차게 채운 나의 일상을 사랑하게 되었다. 뭐 이젠 취업 걱정에 다시금 걱정거리가 생겨 났지만 또다시 잘 준비하다 보면 어떻게 든 되지 않을까 하는 긍정적인 생각도 하게 되었다. 나에게 찾아온 거지 같은 우울증이 인생을 밑바닥부터 다시 생각해 본 계기가 되었다고 할 수 있겠다.

우울함에서 빠져나오는 방법

우울함 때문에 수도 없는 밤을 지새운 내가 우울함에서 빠져나오기 위해 노력했던 방법들이 있다. 아직도 완전히 우울함을 없애기는 힘들지만 적어도 아무것도 하지 않고 있는 것보다는 나았다. 먼저 샤워를 하는 것이었다. 나는 우울하면 아무 곳도 가지 않고 집에만 박혀 있었는데 그럴 때마다 삼 일씩 씻지도 않고 나를 방치해 두곤 했다. 물론 막상 우울함에 빠지면 씻는 게 너무 귀찮고 하기도 싫지만 한 번 마음 먹고 샤워를 깨끗하게 하고 나오면 개운함과 내가 무언가를 했다는 기분이 들어 마음이 조금은 괜찮아졌다.

그다음 내가 생각한 방법은 삼시 세끼를 내가 직접 차려 먹는 것이었다. 나는 보통 끼니를 거르거나 술로 때웠는데 그 횟수가 점차 늘어나면서 속이 뒤집어지고 식욕이 한 번씩 터지기를 반복했다. 그래서 내가 생각한 방법은 신선한 재료를 사서 적당한 양으로 먹을 음식을 직접 만들어 보는 것이었다. 밖에 식재료를 사러 가는 것부터 너무 귀찮았지만 눈 딱 감고 밖을 나가보면 생각보다 선선한 날씨가 나를 기분 좋게 만들었다. 걷는 것부터 내가 직접 재료를 고르는 행동까지 나를 위해 내가 무언가를 하고 있다는 것이 우울함을 긍정적인 생각으로 바꾸게 만들었다. 집에 돌아와 음식을 만들고 맛있게 먹고 또 뒷정리를 하다 보면 나 혼자 있는 시간을 우울함에 쫓기지 않을 수 있어서 좋았다.

몸이 찌뿌둥하고 나른 한데 잠이 오지 않을 때 했던 것은 산책이었다. 나는 무엇보다 혼자 밖에 나가는 것을 극도로 두려워했는데 그럴 때 도움이 되었던 것은 음악 듣기였다. 세상 사람들이 모두 나를 쳐다보는 기분이 들려고 할 때마다 음악 볼륨을 높이고 일부러 신나는 노래만 찾아서 듣기에 열중했다. 그러다 보니 신나는 노래가 나를 억지로라도 웃음 짓게 만들었고 기분 또한 좋아졌다. 운동 부족이었던 나에게 걷기 운동 또한 도움이 되었다.

우울함이 폭풍처럼 몰려와 울고 싶을 때 한 행동은 일기 쓰기였다. 내가 내 감정에 휩싸여 무엇을 원하는지 모르겠을 때 당장 일기장을 가져와 글을 쓰기 시작했다. 내가 지금 어떤 상황인지, 어떤 감정인지, 감정의 원인은 무엇인지, 무엇을 하면 좋을지 글로 써서 나타내 보다 보면 점점 마음이 차분해졌다. 직접 쓴 글을 읽다 보면 나에 대해서 더 잘 알게 되는 시간도 가질 수 있었다. 내가 쓴 글이 나를 위로해 준다는 기분도 느끼기에 좋았다.

머릿속이 복잡해서 무언가라도 하지 않으면 미칠 것 같을 때 나는 책을 읽었다. 주로 우울증에 관련된 서적이나 철학에 관련된 책을 찾아 읽으며 억지로라도 머리를 다른 생각으로 채우는 것을 시도했다. 책을 읽으면서 지식도 얻고 마음의 안정도 얻을 수 있어서 좋았다. 또 다른 방법으로는 명상하기가 있었는데 항상 이런저런 생각을 하면서 머리를 쉬게 하지 않던 나에게 좋았다. 내가 좋아하는 푸른 바다를 상상하면서 파도가 치는 생각을 하며 머리를 비우려고 노력하다 보면 마음이 차분히 가라앉아 좋았다. 더 이상 혼자만의 시간을 낭비하는 내가 아닌 나를 더 사랑하는 사람이 되고 싶었다.

나로서 온전해지기

생각해 보면 나는 남에게 기대는 것을 쉽게 한다. 항상 나 혼자 이 세상을 어떻게 살아나가야 하나 자신이 없었다. 나는 나를 제일 못 믿는 사람이었으니까. 나는 어떤 사람이기에 내가 나를 못 믿는 걸까? 무엇부터 고쳐 나가야 할까? 일단 나는 계획 세우는 것을 아주 잘못한다. 정말 즉흥적인 성격이고 그 순간 해야 한다고 생각하는 일이 생기면 그것부터 해치워야 직성이 풀린다. 그래서인지 계획을 세워 본 적이 없는 것 같다. 그리고 나는 따분한 것을 정말 참지 못한다. 당장 나가서 산책이라도 해야 마음이 편해진다.

우울증을 겪으면서 내가 집에서 아무것도 하지 않으면 하루를 헛되이 날린 것 같고 쓸모없는 사람이 된 것 같아서 당장 무엇이라도 해야 하는 사람이 되었다. 나는 책 읽고 글 쓰는 것을 좋아해서 일기를 자주 쓴다. 특히 우울할 때 내 감정을 되돌아보는 것이 우울함을 없는데 좋았다. 내가 좋아하는 것은 맛있는 음식 그리고 술이다. 아 술은 빼야 하나?

나에 대해서 알아가면 알아갈수록 내가 왜 나를 못 믿는지 알 것 같다. 내가 나 스스로 무엇을 해야 하는지 목표도 없고 미래에 대한 별다른 대책도 없기 때문이었다. 일단 올해가 가기 전에 자격증을 한 개 더 따려고 한다. 어쨌든 취업을 해서 나를 내가 먹여 살려야 하니까. 취업 사이트도 구독해 놓고 학교 공부도 열심히 할 것이다. 더 이상 유급을 하면 엄마가 나를 가만두지 않을 것이다. 이제는 안다. 엄마의 잔소리와 아빠의 걱정의 말 한마디가 다 나를 위한 것이라는 걸.

온전한 나를 위해 나에 대해 더 공부해 봐야겠다. 더 이상 나를 사랑받지 못한 불쌍한 아이로 생각하고 싶지도 않고 외면하기도 싫다. 나는 그저 나. 나에게 주어진 삶을 내가 내 방식대로 알차게 살아나가고 싶다.

내가 원하는 삶

내 일상을 다시 회복하는 데 이렇게 많은 힘이 들 것이라고는 상상도 하지 못했다. 내가 원하는 삶은 무엇일까? 우울하지 않았던 때로 돌아가고 싶다. 가족들과 도란도란 이야기를 나누고 웃으며 화목하게 사랑을 주며 살고 싶다. 애인과 맛있는 음식을 먹으며 즐겁게 데이트를 하고 싶다. 우리 집 강아지와 나 자신을 먹여 살릴 수 있는 만큼 돈을 벌고 싶다. 우울해서 술을 찾는 것이 아니라 친구들과 즐겁게 웃으며 술잔을 기울일 만큼 여유 있게 살고 싶다.

생각해 보면 나는 소박한 일상을 꿈꾸고 있었다. 거창한 것이 아니라. 그렇지만 지금의 나와는 거리가 멀어 보여서 두려웠다. 내가 생각한 삶을 살지 못하면 어떡하나 무서워서 감히 꿈꾸는 것조차

허락할 수 없었다. 우울하고 나약한 내가 모든 것을 망쳐버릴 것만 같았다.

하지만 이제는 안다. 나는 충분히 해낼 수 있고 지금도 잘하고 있다는 것을. 우울한 와중에도 학교는 꼬박꼬박 나가고 있었고 부모님과는 용기를 내어 화해했다. 애인에게 투정 부릴 때도 있었지만 그래도 변함없이 자리를 지키며 사랑 고백을 쉼 없이 했다. 친구들에게 나의 힘듦이 옮길까 봐 밝은 모습으로 대했고 오히려 그들의 고민을 들어주며 위로의 말을 전했다. 내가 사랑하는 강아지에게 간식을 사줄 돈을 벌기 위해 약을 챙겨 먹고 아르바이트를 하러 갔다. 언젠가 미래에 나와 비슷한 사람들을 위로해 주고 싶어서 꾸준히 글을 써왔다.

나는 조금씩 미래에 나를 위해 용기를 내어 행동해왔던 것이다. 조그만 행동들이 모여 나의 행복을 만들어가고 있었다. 나는 나를 미워하는 줄만 알았지만 나를 포기하지 않고 사랑했던 것이었다. 내가 나를 사랑했기에 이제는 아껴주고 싶었다. 다른 사람에게 기대지 않고 나의 행복한 미래를 위해 내가 직접 노력하기로 했다.

미래의 내가 바라는 모습 중 하나는 결과적으로 우울증이 낫는 것이다. 약을 먹지 않아도 우울하지 않았으면 좋겠다. 단약을 하게 되면 더할 나위 없이 좋을 것이다. 우울증을 앓기 전처럼 가끔 오는 우울감을 즐기며 거기에 빠져 있다가 다시 해맑게 웃을 수 있으면 좋겠다. 내가 바라는 나의 모습은 우울함을 즐길 수 있는 사람으로 다시 돌아가는 것이다. 적당한 우울은 삶을 살아가면서 필연적으로 느끼게 되는 것이니까. 더 이상 매일 우울하지 않고 가끔 오는 우울을 즐기게 되는 내가 되길 바란다.

나를 들여다본 적이 있던가

우울증에 걸리기 전부터 나는 나를 외면하는 것에 익숙해져 있었다. 그러고 나서 아프기 시작한 후에는 나를 아주 부정하는 것에 도가 텄다. 나는 나를 제일 사랑했어야 했지만 나를 가장 싫어한 사람이었다. 나는 그 사실을 인정하기가 너무나도 어려웠다. 겉으로는 나를 사랑한 척했어도 마음속으로는 나를 난도질 해댔으니까. 남에게 사랑을 구걸하기 전에 나를 사랑하는 법을 배웠어야 했다.

이제는 나를 들여다보고 싶다. 나를 깊게 들여다보고 나를 사랑하기 위해 나를 알아가고 싶다. 내가 무엇을 좋아하고 싫어하는지.

어떤 사람이 되고 싶고 어떤 모습이 되길 지양하는지 공부할 것이다. 내 가치관과 인생관, 나만의 철학을 알아가고 싶고 쌓아 가도록 노력하는 사람이 되고 싶다. 내가 원하는 인생은 무엇인지 알아내고 그렇게 살아가고 싶다.

그렇게 되기 위해서 나는 약을 잘 챙겨 먹고 나의 건강을 챙기며 내 주위의 사람들을 소중하게 여기고 행복하게 살기 위해 노력해야 할 것이다. 아직도 우울증이 낫기에는 아주 먼 것은 사실이다. 나는 아직도 아침 점심 저녁으로 약을 제때 챙겨 먹어야 하고 하루만 약을 먹지 않아도 감정을 주체하기가 어렵기 때문이다. 하루 열심히 살면 하루는 아무것도 하지 않고 누워있는 날도 부지기수고 우울함에 젖어 아무나 붙잡고 나 좀 도와 달라고 소리치고 싶은 충동에 휩싸이기도 한다. 하지만 이제는 내가 우울한 이유를 매우 잘 알고 있다. 나는 내가 한심한 삶이 아닌 알차고 행복한 하루를 살기를 바라고 있다는 것이기 때문이다.

나의 불안은 내가 아무것도 하지 않고 나의 미래에게서 등 돌려 있을 때 나온다. 더 이상 우울증이 나를 갉아먹게 내버려 둘 수 없다. 나는 내가 원하는 삶이 무엇인지 알아가고 그것을 위해 행동하며 결국 갈취해 낼 것이다. 어쩌면 내 우울증을 내가 더 잘 살기 위해 내게 온 것이 아닐까라는 생각도 든다. 이제까지 힘들게 버텨

온 인생이 헛되지 않도록 나는 더 힘낼 것이다.

지금까지는 내가 사랑받지 못한 인생이라는 사실이 너무나도 괴로워 버틸 수가 없었다. 하지만 그것은 사실이 아니었다. 나를 아주 많이 사랑하는 부모님과 내가 힘들 때 곁에 있어 준 애인, 친구들이 있었다. 설사 내가 사랑받지 못하는 사람이라도 내가 나 자신을 사랑하고 아껴주면 된다. 모두에게 사랑받을 수 없는 것이 사실이기에. 더 이상 사랑받지 못하는 나 자신이 밉지 않다. 앞으로 나는 사랑받는 것에 집중하는 것보단 사랑하며 살아가는 것에 집중하기로 했다. 더 넓은 세상으로 나아가 나와 같은 사람에게 용기를 주기 위하여.

물론 중요한 것은 내 우울증의 완치이겠지만. 너무 조급하게 생각하지 않으려고 한다. 이마저도 내가 애증 하는 나의 인생이기에. 나는 더 이상 사랑받지 못한 내가 밉지 않다.

에필로그

글을 쓰다 보니 우울함에서 벗어나 내가 하고 싶은 일을 하고 있다는 점이 너무 좋았다. 온전히 나만의 시간을 즐길 수 있다는 것이 너무 행복했다. 우울함이 심할 때면 일기를 쓸 기력도 없어 그저 울기만 했던 연약한 나의 모습이 떠오른다. 그때를 생각하면 나를 다독여 주고 싶다. 너무 많은 밤을 샜던 탓일까? 우울한 새벽이 나를 괴롭혀도 언젠가는 밝은 아침이 올 것이란 것을 이제는 안다.

내가 만약 다 포기하고 죽음을 선택했다면 어땠을까? 많은 선택의 기로에서 나는 살아가는 것을 택했다. 결국 나의 선택은 옳았고, 계속해서 나아가니 긴 터널 끝에 따스한 햇빛을 보게 되었다. 나와 비슷한 사람들도 나처럼 견뎌 낼 수 있는 힘을 가지기를, 조금만 더 버티기를 진심으로 바라고 기도한다.

모두들 자신만의 삶을 사랑하며 살아가면 좋겠다. 그게 정말 어려운 걸지라도 한번 시작하면 예전의 모습은 기억도 나지 않을 정도로 밝게 빛날 수 있으니까. 사랑받지 않아도 사랑하는 것만으로도 행복한 삶을 모두가 살 수 있는 세상이 오길 바라며.

사랑받지 못한 내가 너무 미웠다

1판1쇄 2023년 8월 4일

저자 여울
발행인 이경화

펴낸곳 디자인21
주소 04560 서울특별시 중구 퇴계로 293-1 3층
전화 02-2269-6561(대)
팩스 02-2269-6568
e-mail 21publish@naver.com

등록번호 제1-1128호
등록일자 1991.2.12

ISBN 978-89-6131-117-5 03810

정가 12,000원

http://21publish.co.kr
https://blog.naver.com/publish21